陪孩子读《论语》

许兆元 著

海天出版社
·深圳·

图书在版编目（CIP）数据

陪孩子读《论语》/ 许兆元著． — 深圳 ：海天出版社，2019.7

ISBN 978-7-5507-2632-1

Ⅰ．①陪… Ⅱ．①许… Ⅲ．①儒家②《论语》—少儿读物 Ⅳ．①B222.2-49

中国版本图书馆 CIP 数据核字（2019）第 063335 号

陪孩子读《论语》

PEI HAIZI DU LUNYU

出 品 人　聂雄前
责任编辑　涂玉香 张绪华
责任技编　陈洁霞
责任校对　叶　果
封面设计　王　佳

出版发行　海天出版社
地　　址　深圳市彩田南路海天大厦（518033）
网　　址　www.htph.com.cn
订购电话　0755-83460239（邮购）0755-83460397（批发）
设计制作　深圳市童研社文化科技有限公司
印　　刷　深圳市华信图文印务有限公司
开　　本　787mm×1092mm　1/16
印　　张　17
字　　数　160 千字
版　　次　2019 年 7 月第 1 版
印　　次　2019 年 7 月第 1 次印刷
定　　价　38.00 元

第一章 决定孩子未来的要素

第二章 学习观与成长成才

第三章 社交是人生进阶的支点

第四章 财富与学识

第五章 君子与小人

第六章 思考力拓展

第一章

决定孩子未来的要素

第一节

进阶唯有不断地学习

改革开放以来，我国的经济得到了空前的发展，只要敢拼就有很多机会发财，出现了不少“三好学生”不如“三差学生”的社会现象，一切向“钱”看深深影响了我们这一代人，“读书无用论”至今依然有很大的市场。

现在国与国之间的竞争已从GDP上转到文化软实力上，拼的是发展模式和文化价值观，谁“朋友圈”大谁就能引领发展趋势。同样，中国的发展也从 GDP过渡到侧重经济社会和谐全面发展。

经济发展速度放慢了，但社会整体发展速度却加快了，千万别被 GDP增速下降这个判断给误导了。

直观上，人们会感到生意越来越难做，赚钱机会不如以前多，与此同时社会财富总量却不断地创出新高。社会发展的节奏在加快，过去是机会等你，以后是你想找机会却不知道去哪里找，这就是时代发展的新特征。

“头脑”发热，单纯靠一股拼劲很容易一败涂地。赚钱难了人就容易浮躁，当下社会“浮躁”之气甚盛，不良的社会现象频出。

这个时候，作为个人，我们就应当从自身做起，让自己安静下来，找出自己与时代要求之间的差距，只有尽快掌握时代要求的知识和技能，才能尽快融入社会，与时代共同进步。

只有把社会的外在要求切实转化为内在的自觉，激励自己不断学习，使学习成为一种兴趣、一种习惯、一种精神需要、一种生活方式，从而使自己具备时代要求的知识结构，才能在新时代找到机会。这就是我们修身立命之所在。

但是在这个发展节奏、知识更替非常快的时代，仅懂得学习是远远不够的。必须把自己的学识，不断地转化为当下企业发展、时代进步要求的具体技能，对不断出现的新生事物有正确的认知，才能使自己在社会竞争中不断地进步。

第二节

为孩子营造健康的“精神空间”

2004年 7月 23日，习近平发表《精神文明建设要“从娃娃抓起”》，今天读来仍有极强的现实意义。作为国家领导人，习近平在日理万机中，能对中国当下儿童教育现状提出如此深刻的见解实属难得。

文中提出“现今儿童的思想构成远比我们想象的要复杂得多”，教育要与现今孩子的思想构成相符合，就是当下中国教育要面临的现实状况，就是儿童教育急需解决的现实问题，儿童教育关系到国家和民族未来的精神面貌。这个问题解决不好，中国文化软实力建设就无从谈起。

中国传统文化非常重视教育，《论语》中孔子提出了“兴于诗，立于礼，成于乐”的教育思想。为什么说是“兴于诗”？因为“《诗》三百，思无邪”。思无邪才能使人正心，正心是儒学的开始。

而现如今，童谣低俗化、成人化，乱改古诗，乱编“脱口秀”在日常生活中非常常见，有的家长及个别老师还以此为乐，带头鼓励孩子动脑筋、开思路、创造新的“脱口秀”。殊不知，这些被歪曲的文化对孩子的“精神空间”和“心理空间”会产生深刻影响，让孩子本来“无邪”的思想变得复杂，给现代儿童教育带来更多的挑战。

《诗》思无邪，人兴于诗，就是兴于思无邪，仁之无邪，才能使孩子成长为对社会有用的人，这是人生的起点。所以我们要关注儿童的“精神空间”和“心理空间”，正确引导儿童对待新生事物，让儿童思想构成丰富多彩，同时更健康。这就要求我们家长树立正确的家庭教育观念，给孩子的 “精神空间”和“心理空间”营造健康的家庭环境。

第三节

孝悌为仁之本，是教育的根本

子曰："弟子入则孝，出则弟，谨而信，泛爱众，而亲仁。行有馀力，则以学文。"

朱熹集注："亲，近也；仁，谓仁者。"

《弟子规》中《亲仁》部分这样写道："同是人，类不齐，流俗众，仁者稀。果仁者，人多畏，言不讳，色不媚。能亲仁，无限好，德日进，过日少。不亲仁，无限害，小人进，百事坏。"

"同是人，类不齐，流俗众，仁者稀。"这既是对人类社会的一个概括性描述，也是对人的集合做了一个很有深度的分类。

"流俗众，仁者稀"是制约人类社会进步的主要因素，这一基本情况不改变，人类就不可能达到"人不知而不愠"的文明程度。"流俗众，仁者稀"的社会，最典型的特征就是"德之不修，学之不讲，闻义不能徙，不善不能改"。

社会的改造根本上是从两个方面入手的，一是让更多人成为仁者，从根本上改变"流俗众，仁者稀"的人群分布的社会结构，二是教育人“修德，讲学，徙义，改不善”。

怎么样能成为仁者？怎么样教人“修德，讲学，徙义，改不善”？

有子曰：“其为人也孝弟（弟同“悌”），而好犯上者，鲜矣；不好犯上，而好作乱者，未之有也。君子务本，本立而道生。孝弟也者，其为仁之本与！”

汉代桓宽《盐铁论·授时》云：“教之以德，齐之以礼，则民徙义而从善，莫不入孝出悌，夫何奢侈暴慢之有？”

孝悌为仁之本，仁为君之本，只要解决了“孝悌”问题，那么孔子所担忧的“德之不修，学之不讲，闻义不能徙，不善不能改”的社会问题自然也就解决了。

“教之以德，齐之以礼”是不是就能“孝悌”？假如这个逻辑成立，如今的教育如此普及，尤其是世界发达地区，大学普及率非常高，按理现在的世界应该是“大同世界”，而实际情况却并非如此。西方国家经济普遍发达，教育普及率也很高，而社会状况并不如预想的那么和谐，社会矛盾有明显激化的趋势，“德之不修，学之不讲，闻义不能徙，不善不能改”这种社会状况并没有根本性转变。由此可见，“孝悌”并没有因学校教育的普及而发生质的升华。孝悌为仁之本，以此类推，仁也难以通过学校的教育、训导使之有质的改变。

不能忽视生活教育

什么是“孝悌”？“入孝出悌”，子女对父母的情感为孝，子女之间的情感为悌。对父母的情感与对兄弟姐妹的情感是一切情感感知的基础，人参与社会交往的一切认知，如想法、喜恶、情绪、情志、交友及看待事物的角度、立场、思路等，皆以对父母和兄弟姐妹情感知觉为基础，这就是孝悌为仁之本的根本原因。俗话说“不交不孝之人”，孝悌情感不完整的人，一般会出现情感认知障碍，容易做出违背常理之事，这样的人不可深交。孔子在教育学生的时候，家教是第一堂课，要求学生做到“入则孝，出则悌”，这是典型的生活教育。孝悌是育人的本质，生活教育好，孝悌到位，才可能进一步做到“泛爱众，而亲仁”。

问题是孝悌不是单向性的输入，孝悌是情感感知而不仅是知识，所以老师无法通过教育、训导的方式授予学生具体的“孝悌”。孝悌是与父母及其他家人共处、养育而逐渐沉淀形成的，一个人孝悌的质量不仅取决于自己，还取决于父母及家庭。

有的孩子从小被娇惯，在家里动辄发脾气，甚至打骂父母，到了学校缺乏基本秩序意识，在课堂自然就不服从老师的管教，甚至与老师对着干。这就是家庭教育的缺失。可以说，让孩子适应基本的教学秩序，是家庭教育阶段必须解决的问题。

家庭教育是人生的主要课堂

习近平在《成才必须先学做人》一文中指出，家庭是未成年人接受思想道德教育的第一课堂，父母是孩子的第一任老师。

俗话说："性格决定命运。"人的性格主要是在幼儿时期形成的。父母的言行、父母的仁德对孩子品性的形成有直接甚至决定性的影响，因而育人应当把家庭教育放在首位。

家庭是育人的首要课堂，也是人生教育的主要课堂。学校和老师更多的是教授学生知识，而无法取代家长教育孩子怎么做人。

孝悌是在家庭氛围里孕育、感知、发展，有什么样的家教就有什么样的孝悌。父母不疼爱孩子，孩子怎么会自发孝顺父母？兄弟姐妹感情不深，在漫长的人生道路上怎么能够相互扶持？

从家庭教育及现代流行的心智心理学来说，3岁前及3岁至7岁两个时间段是家庭教育的黄金阶段，中国自古就有这样一句话："三岁看大，七岁看老"，它简单明了地概括了幼儿心理发展的一般规律。这两个阶段是孝悌发展、巩固、定性的关键阶段，也就是"仁"成形的阶段，解决"仁"的问题根本的方法是家庭的养育，而不是依赖学校和社会的管教。

"孝悌"是"仁"之本，"仁"是"君"之本，"三岁看大，七岁看老"，足以说明家庭教育是一切教育的前提，是教育最重要的部分。

孝悌性情深刻影响人的命运

社会行为心理学认为，性格决定命运。孔子育人思想主张，孝悌及仁之性情深刻影响人的命运。

心理学家巴甫洛夫认为："人一面有着先天的品质，另一面也有着为生活情况所养成的品质。" 一个人从出世到成人，大部分时间都离不开家庭，因此，家庭环境和家庭教育，对一个人性格的形成具有决定性影响。

家庭关系是社会关系的基础，社会关系是家庭关系的延续、扩展。孝悌是初级的社会认知，如果说孝悌是人对社会认知的学习、积累的过程，那么仁就是个人对社会关系的理解程度和认知能力。

孝悌为仁之本，仁为君之本。一个人出生之前，在母体里已经与父母有情感"交流"，孝悌也有"先天的品质"。同样，深受后天家庭生活环境的影响，孝悌性情最终定格为"仁"。仁，体现一个人孝悌性情的格局，为君之本，深刻影响甚至决定一个人的命运。

从孔子的教育思想看，人的成长分为孝悌、仁、立、贤、不惑、知言知人、知天命等不同的认知层次和阶段。孝悌性情主要在婴幼儿、青少年时期呈现、形成，成年后孝悌逐渐固化成仁之性情；不惑就是能够驾驭自己的情绪；知言知人就是对自身、对社会有正确的认知。这个成长的过程同样具有时间、空间的迭进规律，没有前者的量的升级，就不能进入后面更高的格局。

七岁之前是孝悌性情养育的关键时期。孝悌的养育除了先天性的因素之外，关键是父母。父母首先得是一个觉悟者，完全了解孩子的性情，才能够正确恰当地引导孩子性格向好的方向发展，使孩子进入“有教而自善”的轨道。如果父母对孩子性情缺乏正确认知的能力，顺其自然放任发展，那就必然验证一句老话“什么样的家庭就有什么样的孩子”。

变量决定走势。从可变的角度来看，性情可塑性最强。因其是可变因素，因而对人的行为往往产生决定性影响，性格决定命运具有必然性。

从父母的角度来看，接受孩子有一种不可改变的特质非常的重要。最重要的意义在于，孩子的这种特质能唤醒、提升父母的孝悌之情，换句话说，孩子也会使父母的孝悌之情日臻圆满。父母与孩子之间的孝悌之情是相互影响、增益的，父母是给予者又是受益者，孩子其实也在潜移默化地影响父母，二者是伙伴关系而不是领属关系。

有的孩子从小性情与父母就有明显的差异，这是正常的现象。每个人都有自身的特质，不要企图改变孩子的特质。家长首先要尊重孩子的特质，顺其自然地引导，使其个性有张有弛，帮助孩子管理好自己。

孩子的孝悌性情一部分由“先天品质”影响，有自己的特质，但大部分是由父母和家庭养育而逐渐形成的，父母和家庭对孩子的孝悌性情同样有决定性的影响。在孩子成长的过程中，父母能感受到孩子与自己不同的一面，且这些特质能够给父母带来性情的改善，生活中无论是父亲还是母亲总能与孩子相协调，那么孩子的孝悌性情一定是接近圆满的。

生活中父母任何一方常出现与孩子的性情步调不协调，常发生争执、争吵，久而久之，父母与孩子的性情可能发生很大差异甚至无法调和，那么这样的孝悌性情一定会影响孩子的社会关系认知，进而影响孩子对社会的适应能力。

当你由衷地赞美孩子自身某种特定的品质时，你肯定感受到了孩子自身特质的力量，这是高质量孝悌之情最直接的表现。

第四节

家庭教育的本质

子曰："父在，观其志；父没，观其行；三年无改于父之道，可谓孝矣。"

提到"孝"我们看到的，绝大多数是对子女的要求，鲜有提到父母在孩子"孝"价值观形成上的责任。这个问题其实不难理解，因为孔子是站在老师的角度训导学生，训导的对象不是家长。

孝，绝不是先天就有的，没有养就没有孝。物生必蒙，蒙以养正，养正是父母养育孩子的社会职责。不养不正，养未必正，因此有什么样的养育就有什么样的孝，这就是在子女孝道上父母的功过，所以单方面要求子女尽孝是违背常理的。

"三冬暂就儒生学，千耦还从父老耕"（出自陆游《观村童戏溪上》），意思是冬天的时候暂时学些儒家的东西，耕作的时候还要和父老乡亲们一起劳动。

在农耕社会，人们过的是男耕女织的生活，因此，为了养家糊口，陆游必须学会治理农事，而且治理农事一定按时节而规矩地行事，节气上延误不得，该种小麦的时候不能种大豆，该种玉米的时候不能种小麦。经过历史的积淀，在中国传统文化里，人们一般认为父亲代表阳刚之道，主要的职责是遵循天地生生不息之道，周而复始，按规律奋勉治理农事，并能使孩子们很好地学会治理农事；母亲代表阴柔之美，主要社会职责是遵循天地生生不息之道，灵活善变地勤勉治理家事，为家庭提供必要的生活资料，并能教导孩子们掌握治理家事的本领。

因此，从传统文化的角度看，在孝的修治上父母的职责至少包含两个层面：一方面，从父母的角度出发，要科学地教导孩子，使孩子懂得“父亲的责任”“母亲的责任”的真正含义，并能很好地把“父亲的责任”“母亲的责任”的精神传承给孩子；另一方面，从孩子的角度出发，要善于向父亲、母亲学习，按照父母所塑造的“父母之道”刚柔相济地修治自身，这是对父母最大的孝。

动物本能地会以身作则，教孩子觅食、防御天敌，孩子掌握了生存技能后，开始离开父母独立闯荡。而人类与动物的最大区别，是多了一份社会责任。让子女吃好、穿好、住好还不行，为人父母者有责任教导孩子掌握为人处世之道。如果人人都能遵循天地之道，按规律奋勉治理物事，人人爱护子女，人人孝顺父母，那么人类社会就是个自律和谐的社会。从这个角度分析，孝道就不是死板一块，就不是封建残余，而是与天地生生

不息之道一样，永远具有生命力。

在一个案例中，一个25岁的女孩讲述，在她五六岁的时候，有一次小女孩淘气，她爷爷说：“我有那么多孙子，也不在乎多你一个叫我爷爷。”她爷爷可能早就忘记了他说的这句话，但是这话却永远烙印在孙女的心里，让她至今还不能释怀。当她去照顾生病的爷爷的时候，她觉得心里很委屈，她认为他的其他孙子们更应该来照顾他。俗话说：“有什么样的家庭就有什么样的孩子。”此话说得有些绝对，但也不无道理。未成年人尤其是婴幼儿，小时候受到的心理创伤，产生的负面作用会伴随其一生。有的孩子长大后会把这些负面创伤加倍地还给父母和社会，因此家庭教育不仅关系到孩子的健康成长，也关系到父母自己老年的生活质量。

家教的本质含义是什么?

在一个家庭当中，父母的定位非常清晰，父亲秉承“阳刚之道”，母亲秉持“阴柔之美”，一阴一阳谓之道，这是家庭治理最为核心的关系。夫妻一方阳刚另一方必须阴柔，如果双方都过于刚健或阴柔，家庭肯定纷争不断。在一个刚柔失衡的家庭环境里，孩子很难正确地领悟阴阳之道，长大后就不能履行好家庭的责任，对父母自然尽不到孝的责任。只有父母的功用发挥好，“孝悌之道”才能建设好，这是家庭教育的本质所在，也是家庭文化传承的精神所在。

第五节

思无邪是婴幼儿教育的出发点和立足点

子曰:“《诗》三百，一言以蔽之。曰:‘思无邪’。”

子曰 :“兴于诗，立于礼，成于乐。”

陈亢问于伯鱼的典故就是关于用诗、礼教学的真实故事。陈亢问于伯鱼曰:“子亦有异闻乎？”对曰:“未也。尝独立，鲤趋而过庭。曰:‘学诗乎？’对曰:‘未也。’‘不学诗，无以言。’鲤退而学诗。他日又独立，鲤趋而过庭。曰:‘学礼乎？’对曰:‘未也。’‘不学礼，无以立。’鲤退而学礼。闻斯二者。”陈亢退而喜曰:“问一得三。闻诗，闻礼，又闻君子之远其子也。”

陈亢，即陈子禽。伯鱼，孔子的儿子孔鲤的字，后用作对别人儿子的美称。

陈亢问伯鱼:“你在老师那里听到过什么特别的教诲吗？”伯鱼回答说:“没有呀。有一次他独自站在堂上，我快步从庭里走过，他问:‘学《诗》了吗？’我回答说:‘没有。’他说:

‘不学诗，就不懂得怎么说话。’我回去就学《诗》。又有一天，他又独自站在堂上，我快步从庭里走过，他问：‘学礼了吗？’我回答说：‘没有。’他说：‘不学礼就不懂得怎样立身。’我回去就学礼。我就听到过这两件事。”陈亢回去高兴地说：“我提一个问题，得到三方面的收获，听了关于《诗》的道理，听了关于礼的道理，又听了君子不偏爱自己儿子的道理。”

“兴于诗，立于礼，成于乐”是孔子育人的重要思想，也是具体实践，循序渐进，目标明确。如果说《论语》有君子之道的教学大纲，那么大概是这样的：以诗歌来感发意志，促使个体建立向善求仁的自觉；用礼教实现人的自律自立；通过音乐教育和熏陶，最终养成高贵的思想品格。

为什么说“成于乐”？

“乐所以成性”（出自《论语注疏》），孔子重视乐对人的感染作用，认为人格的圆满、完成、完善，有赖于乐的感化作用。子曰：“若臧武仲之知，公绰之不欲，卞庄子之勇，冉求之艺，文之以礼乐，亦可以为成人矣。”（《论语·宪问》）智、廉、勇、艺皆不足以成为君子，只有复加以礼乐，才可成为人格完善的君子。从音乐对人性的感染陶冶作用的角度，孔子肯定了音乐等艺术形式对君子品格养成的重要意义。

孔子所在的时代，乐器是“天人合一”“天人感应”的神器，其形上圆而下方以类“天地之道”，“成于乐”具备了通晓天地之道的智慧，是君子人格完善的象征。

从教育追求的结果返回来看“兴于诗”。

孔子认为，教书育人是从读诗开始的，“不读诗，无以言”。后来的人把这句话理解为陶冶情操的性情修养，但从教育的本质上来探讨，只停留在这个理解层面是无益的。

《诗》，“思无邪”，就是说“人之性情真实且无邪”。这是一切教育追求人格完善的出发点和立足点，是人建立向善求仁自觉机制的基础和保障。

习近平主席在《精神文明建设要“从娃娃抓起”》中，不无担心地指出“童谣低俗化、成人化的现象比较突出”，“乱改古诗”，“乱编‘脱口秀’”，危及孩子的“精神空间”和“心理空间”健康，对孩子的影响深远。习主席还特别强调，现代教育要让“儿童无邪、灵活的天性发挥得淋漓尽致”。

为未成年人开发、提供丰富多彩的健康文化产品是现代教育从业者的当务之急。一切的教育，特别是婴幼儿教育，一定要从孩子的“天性”着手，发挥“真实无邪的性情”，只有真善美的性情发挥出来，孩子才能自觉地建立起追求真善美的心智发展机制。只要建立起“自善”机制，孩子就能自主成长，这才是最好的教育。

第六节

育人成长的几个关键阶段

子曰："吾十有五而志于学，三十而立，四十而不惑，五十而知天命，六十而耳顺，七十而从心所欲，不逾矩。"

这句话通俗易懂，道理平易近人，很接地气，因而最为世人所知，尤其是"三十而立""四十不惑"几乎人人知晓。

越浅显、平淡的道理往往隐含着更高的智慧。古人早就掌握了用日常生活物事类比天地之道的传承方法，孔子同样会用浅显、易懂的物事来类比人类社会发展的客观规律。孔子用自身的经历和感悟来阐释德行修为的发展逻辑，用现在的话总结，就是"修德养性"的标准流程和系统方法。

孔子曰："不知命，无以为君子也；不知礼，无以立也；不知言，无以知人也。"意思是："不懂得天命，就不能做君子；不知道礼仪，就不能立身处世；不善于分辨别人的话语，就不能真正了解他。"

这两句话告诉我们一个道理：在不同的人生阶段，应当依次实现的人生目标，指明人生进取的方向及君子修行的方法。

学，达到知礼的程度，才可能有所立。有物质基础而又能活得明白，已经是快意人生了，但更高的人生境界是知言、知人、知天命。

学以知礼 ，以礼有所立，什么是礼？除了遵守规则实现自律外，对于青少年来说，当代的“礼”还可以具体地理解为“具备时代要求的知识结构”。学而具备时代要求的知识结构，必然能在社会上找到立足之地。但立业后精神层面不能上进，必然出现“不仁者不可以久处约，不可以长处乐”的问题，反过来破坏所立之业。

唯有强调精神与物质双立，才能使人进一步向更高层面的君子修为迈进。孔子所讲的君子学是精神与物质兼备，离开精神，物质立无意；离开物质，精神无所用。君子学并不是空谈，是可以实践的，与神学有本质的区别，这也是《论语》的灵魂所在。

按照当下的教育、成长、生活，我们可以对应地将人生分解为四个阶段。

第一个阶段是“十有五而志于学”的学习阶段：现在孩子三岁上幼儿园，六岁上小学，读六年小学，再上三年初中、三年高中，算起来正好有五个三年合计十五年，然后考大学、定志愿，谋划未来职业。“学而时习之，不亦说乎”是学习的过程。“有朋自远方来”，志同道合的人聚在一起立志谋事，以成就“三十而立”。“有朋自远方来”是对“十有五而志于学”的学习“成果”的认定，是修行君子之道进入新阶段的标志。

第二个阶段“三十而立”：经过第一阶段的学习、工作，在精神和物质方面均能取得一定成绩，得到社会的一定认可。“三十岁”人生开始收获成果，是学识、荣誉、财富积累的重要阶段。一般来说，三十岁应该取得一定的成绩，这也是现代社会对一个人社会价值的重要评判。

第三个阶段“四十不惑”：何谓“惑”？“既欲其生，又欲其死，是惑也。”“不惑”就是对自己的意念和情绪能有效管理。“知言、知人、知天命”是“圣人”之道，在达到“圣人”境界之前，必须经历“不惑”这个阶段。这并不是说人到四十岁自然地就“不惑”了，“不惑”是德行修养达到一定高度的体现，属于君子的特质。

除了“四十不惑”，孔子还提出“四十见恶”，孔子说“年四十而见恶焉，其终也已”，意思是人到了四十还不能控制自己的欲望，不能有效管理自己的情绪，其余生也就此德行了。

四十岁是人生很重要的一个分水岭。“四十不惑”“四十见恶”是孔子育人体系框架内两个关键的“考核”标准。“不惑”和“见恶”是人心智状况的标志，在人性的发展表现上具有普遍的意义。

古人云：“人情有不教而自善者，有教而终不善者矣。”

何谓“自善”？“不惑”就能自善，对人及事物有科学的认识，并能做出符合事物发展规律的安排，就是“自善”的过程，就是“学而时习之，不亦说乎”，“有朋自远方来，不亦乐乎”，就能做到“三十而立”“四十不惑”。

第四个阶段“知命而为”：有学识有智慧，按照“天地之道”“圣人之道”“君子之道”为人处世，君子修行永无止境。

“三岁看大，七岁看老。”很多人六十岁之后的性情越来越像小的时候，这句话是对“四十见恶，其终也已”的最好诠释。

人到四十岁之后的性情有两个发展方向，“不惑”向“知命而为”发展，“见恶”向“三岁、七岁时的性情”发展。

如何突破“三岁看大，七岁看老”这个怪圈？那就是“十有五能志于学”，“三十能立”，“四十能不惑”。在人生的这些阶段能达到相应的高度，这个人的性情发展曲线就是向上的，就是精彩的，就是丰富的。

第七节

父母与孩子也要相互感动

孟武伯问孝。子曰：“父母唯其疾之忧。”

武伯，名彘，孟懿子的儿子，“武”是谥号。

孟懿子问孝。子曰：“无违。”樊迟御，子告之曰：“孟孙问孝于我，我对曰‘无违’。”樊迟曰：“何谓也？”子曰：“生，事之以礼；死，葬之以礼，祭之以礼。”孟懿子问什么是孝，孔子说：“孝就是不要违背礼。”后来樊迟给孔子驾车，孔子告诉他：“孟孙问我什么是孝，我回答他说不要违背礼。”樊迟说：“不要违背礼是什么意思呢？”孔子说：“父母活着的时候，要按礼侍奉他们；父母去世后，要按礼埋葬他们、祭祀他们。”

子游问孝。子曰：“今之孝者，是谓能养。至于犬马，皆能有养；不敬，何以别乎？”子游问什么是孝，孔子说：“今天许多人把孝单纯理解为赡养父母。狗和马不也有人养吗？如果不尊敬父母，与养狗养马有什么不同呢？”

子夏问孝。子曰：“色难。有事，弟子服其劳；有酒食，先生馔，曾是以为孝乎？”子夏问什么是孝道，孔子说：“在父母面前，始终和颜悦色很难。有事情，年轻人去帮着做；有了酒饭；让长辈吃，难道这样就是孝吗？”

通过以上对比，我们发现孔子对长辈、晚辈谈论孝道时，语气有很大差别。对晚辈要求很高，让父母吃好、穿好、住好还不够，能做到让父母身心愉悦才是孝；当孟武伯的父亲问孝时，孔子回答得相对简单，比如“生，事之以礼；死，葬之以礼”这是基本人道，如果儿子只是出于“人道”这样对待父母可以说是很不孝了。

“父母唯其疾之忧”这句话非常好，是从父母的角度，分析、教导孝道。父母怎样对待孩子，孩子就会怎么尽孝。孝悌是仁之本，仁是君之本，孝悌属于情感范畴。情感是养育、长期共处交感而成，不能通过后天说教而得。所有关于孝的道德约束，无法弥补情感的缺失，因而父母不能忽视与孩子之间的情感培养。

孝，是孩子与父母在长期的相处中，心智逐渐开慧的过程，这是对父母最大的启示。

“父母唯其疾之忧”提醒我们，孩子生病时，反而是父母与孩子情感交流最重要的时刻。

父母有什么事情曾让孩子感激，触动孩子自发地从心底深处感激父母？

能触发孩子感激父母的事情并不多，买个礼物，买件新衣服，买包零食只能让孩子开心，不会让孩子感激，这是有很大区别的。

“父母唯其疾之忧”往往能触动孩子，促使孩子“孝悌”圆满。孩子生病时父母稍稍冷漠或关心不够细致，往往会给孩子的心理带来深远的影响，即使孩子只是轻微的感冒发烧，父母也要比平时加倍地关爱。

讲个关于求医的真实故事。新中国成立初期山东郓城县苏阁乡，有个姓谷的老中医，雇船把许姓求医者送回家，这事很稀奇。原来许先生的老婆坐月子时涨奶，起了一个肿块，再不治疗将要危及生命，许先生听说黄河对岸有位谷中医能治这个病。当时经济交通都很落后，一入冬黄河两岸就没有来往的商客，因此黄河轮渡也停业了。救老婆孩子这么要紧的事不能耽误，许先生在天刚蒙蒙亮，趁最冷的时候，用一根扁担加一个箩筐，沿浮冰渡过黄河，稍有闪失就会送命，可以说是九死一生。谷中医知道这个情况后很感动，找人用船把许先生送回去，后来还认他为义子。当时的生活条件，妈妈没有奶水，孩子很难活下来。作为父亲、丈夫，敢于冒生命危险求医，这个父亲铸造了勇于担当家庭责任的典范，谷老中医认他为义子，也是被其精神所感动。求医的过程，很多时候能见真情，真情才能打动人，能够唤醒、激发人善的一面，进而提升人的孝悌之情。

过去生活条件很差，看医生一般要长途跋涉，一个人生病几

乎要全家动员。比如说孩子生病，要倾全家之力，轮番背着孩子去就医，你说孩子能不感动吗？孩子长大后能不孝顺长辈吗？

现在医疗条件好，孩子生病家长也没那么急，父母与孩子相互感动的机会也少了，这点需要父母加以注意。我曾经在深圳市儿童医院，看到一个孩子哭闹要求看医生，父亲嫌排队等候的时间太长，要求孩子回家，两个人在大厅吵闹。这不是父亲与生病的孩子正确的沟通方式。孩子发烧身体不舒服，需要家长的悉心呵护，此时尽量不要批评教育。在孩子最需要关心的时候，父母的冷漠会影响孩子的是非观。等你老的时候他也这样对你，到那时再拿孝道说事是不是不公平？

如何在生活中抓住与孩子升华感情的机会，是父母必须思考的问题。父母与孩子相互感动，触发孩子的“心智”活动，是婴幼儿教育的关键所在。父母与孩子的相处质量尤其重要。父母与孩子相处的方式、方法，父母的主观想法与孩子的感知是两码事。父母觉得好，孩子的体验未必好，父母时刻要注意孩子的情绪，通过孩子情绪的变化不断调整自己沟通的方式、方法，深入理解孩子，孩子才能深入理解你。

“父母唯其疾之忧”是对孩子孝悌之情的养育。亲情是仁的开始，是育人的起点。婴幼儿心智发育的活动过程主要是通过孝悌来表达，家长应该从孩子心智发育的高度，重视孩子孝悌情感的培育。

第八节

家庭治理是社会治理的基础

子曰："道之以政，齐之以刑，民免而无耻；道之以德，齐之以礼，有耻且格。"

这是管理者与被管理者之间的辩证关系。强硬的管理手段，被管理者口服心不服。以符合人性的礼制、道德管理人，被管理者心服口服，队伍就有凝聚力、战斗力。而后者往往产生超预期的绩效，这是管理者梦寐以求的理想结果。

比如《三国演义》中的刘备，集侠义、仁德于一身，以人格魅力服人，张飞和关羽铁了心地追随他。董承与刘备密谋杀曹操事败，曹操讨伐驻守徐州城的刘备，刘备和张飞退守小沛，关羽守下邳。刘备和张飞先被打散了，关羽护着刘备的家眷被围困在一个土山上。程昱进言曹操招降关羽，曹操于是派张辽劝降关羽，关羽提出三个条件：降的是皇帝不是曹操，找到刘备就要走，要善待刘备妻子。曹操一口答应了，自此关羽与刘备的家眷被困在曹营。之后曹操一心想收服关羽，关羽的赤兔马就是此时曹操所赠。张飞临时当了土匪，刘备投奔了袁绍。

关羽知道刘备的下落后离开曹操，一路上过五关斩六将，最后三人聚首。关羽张飞一心一意坚定地追随刘备，可以说义薄云天，但是能让关羽、张飞这样的英雄豪杰毫无保留地追随的人更令人另眼相看。“有朋自远方来”，能把人才聚集在自己身边的人更了不起。

以德服人，以礼待人，将心比心，与人以诚，往往会给自己带来长期回报。比如曹操以“德、礼”虽最终未能收服关羽，但是曹操的仁义还是换来了回报，华容道一劫关羽放走了曹操。

德、礼在发挥人的潜能、自律性方面有独特的作用。德、礼的教化作用主要是通过“领袖”的个人魅力和领导艺术来实现的。

每个人应当有家庭治理的意识，家庭治理能力是非常可贵的。

一家之长不称职往往直接影响下一代成长。在一个家庭中，父亲平常对儿子要求很严格，甚至打骂，孩子的天性就会被压抑，说话做事就显得没有信心。奖惩不分明，要求宽松无常，尺度紊乱，会影响孩子正确认知，不利于孩子身心健康发育。

孩子有自己的想法，是有主见的表现，是自善、自觉的前提。孩子不听话未必是孩子的错，家长要理解、鼓励和包容。

家庭治理是社会管理的基础，如果说每个人都生活在一个和谐幸福的家庭中，那社会一定会稳定繁荣昌盛。我们往往忽视家庭的治理，忽视个体在家庭中的角色和应当发挥的作用。

什么是最好的投资

“欲治其国者，先齐其家；欲齐其家者，先修其身。”（出自《礼记·大学》）意思是要治理好社会性事务，经营好家庭，先要治理好自己。

从修身、齐家、治天下的逻辑看，什么是最好的投资？

投资自己才是最好的投资，其次是投资家人。

家庭是社会治理的基础，修好自身才能治理好家庭。家庭和谐、凝聚力强又能极大地帮助自己，在社会上有更好的发展。

投资自己，就是先修好自身。把时间投资给自己，把学识投资给自己，把人品投资给自己，把健康投资给自己。健康、学识、人品就是年轻人的本钱，也是一生的资本。

永远不要指望靠别人发家致富。只有成为一个知言、知人的智慧人，才能经营好、管理好对外的投资行为。如果自己还是个非理性的人，对外投资失败的概率就很高。

怎样培养孩子的责任意识

父母应和孩子一起对生活场景进行分类，让孩子认清自己在家庭、学校所承担的角色。

父母的主要生活场景是在外打拼赚钱，首要任务是解决家庭发展所需的物质资源。孩子的主要生活场景是在学校，主要任务是学知识，学做人，掌握基本生活技能，保证身体和心智健康。但在现实生活中，父母和孩子都要回归家庭。家庭是我们共同经营的事业，是我们共同的栖息港湾，家庭是所有社会关系的核心，起纽带的作用。

家庭能否和谐，是否幸福，是父亲、母亲和孩子共同经营的结果，是由多方面因素决定的。孩子同样有义务、有责任，为家庭发展贡献自己的力量。幸福如同一个小屋，父母是房屋的两根顶梁柱，支撑起这个小屋，孩子们就是小屋的窗户，孩子成长一点，窗户就亮堂一些，家里的阳光就能多一些，家里的空气就能清新一些。如果窗户不亮堂，屋里少了阳光，少了新鲜的空气，时间久了屋里会很闷，就会有发霉的味道，生活在这屋里的人，会快乐吗？孩子们是父母快乐的源泉，是家庭温馨幸福的全部。孩子们的表现是家庭幸福最重要的内涵。

明白了这个道理，孩子们为我们的家庭幸福能做些什么呢？首要的任务就是要健康成长，自主学习。具体地讲就是出色地完成学校和老师的教学要求，主动完成老师交代的学习任务。就像父母在外努力工作一样，他们用工资支撑家庭。孩子用学习，用健康成长，用心智、德育等全面发展的品格为家庭注入希望、快乐和幸福。这就是孩子们为什么要学习的道理，也是父母为什么要在外打拼的道理。父母与孩子有共同责任和义务，把自己的家经营好。

通过写作业帮助孩子学会自律

家庭管理应该充分借鉴“道之以德，齐之以礼，有耻且格”的道理。体罚、简单粗暴的教育方式绝对是不可行的。有父母会说：“我没有体罚，好话说尽，孩子就是听不进去。”其实除了体罚，不正确的教育方式也属于强制性管理。以不正确的沟通方式反复训导，孩子会更反感。

有些家长强制孩子写作业，在家长的高压态势下，孩子不敢不照家长的意愿做事，无形之中写作业就变质为应付家长的任务。如果孩子逐步形成自我管理的能力，自行安排写作业，那么学习效果就会好很多，学习成绩就不会差。

我们完全可以改变看法：写作业不是目的，帮助孩子学会自律才是家长的第一责任。孩子通过写作业锻炼自己的自制力，只要他能养成主动学习的习惯就好，写作业就成为一个次要问题了。

对刚上小学的孩子，尤其要有耐心，指导孩子写作业时千万不能急躁。一次不行两次，两次不行三次，三次不行就暂时缓一缓，明天接着来。有些问题今天学不懂，明天说不定学一遍就会了。鼓励并相信孩子，信心的培养非常重要。如果孩子对学习产生了恐惧，日后肯定会厌倦学习，更不用提自主学习的能力了。

一定要尊重孩子的天性，顺从、引导孩子的天性，而不是完全管控孩子。孩子天性贪玩，玩就是排在第一位的心理需求，这个需求得不到一定程度的满足，孩子就不可能沉下心来学习。在顺从孩子天性的基础上，逐步建立写作业的激励机制，做到“道之以德，齐之以礼”，让孩子逐渐地养成“有耻且格”的行为习惯，那么孩子就学会了成长。

当然能做到这些并不是简单的事情，即使有心去这么做也未必能做好，教育孩子非一朝一夕之功，家长首先要懂得正确地与孩子相处，好孩子往往意味着其父母更优秀。

第九节

德以成才

子张问于孔子曰："何如斯可以从政矣？"子曰："尊五美，屏四恶，斯可以从政矣。"子张曰："何谓五美？"子曰："君子惠而不费，劳而不怨，欲而不贪，泰而不骄，威而不猛。"……子张曰："何谓四恶？"子曰："不教而杀谓之虐，不戒视成谓之暴，慢令致期谓之贼，犹之与人也，出纳之吝，谓之有司。"

君子怎么"周而不比"？就是从"尊五美，屏四恶"做起。这是君子处世的方法和原则，也是今日从事管理工作的方法和原则。要成为一个出色的领导者必须在"尊五美，屏四恶"上下功夫。

反过来讲"小人比而不周"，小人往往只是在自己的利益圈子里打转。关注点多限于与自身直接关联的人和物，一般不具备从整体、格局上分析问题的视野，所以需要提醒和管理。

改变"比而不周"处世的思维习惯，就是崇尚"尊五美，屏四恶"。遇事先从大处着想，不要被眼前短期利益所蒙蔽，视野开阔，格局高远，才能有稳健的品格。

从父母教育孩子的角度看，要做到“有教而罚”，坚决杜绝“不教而罚”。孩子天性贪玩，自律性是长期、逐步建立起来的，非一朝一夕之功，父母要琢磨出一套适合自己孩子的有效方法，帮助孩子逐步建立自律机制。要求和原则的尺度不能朝令夕改，否则会让孩子无所适从。承诺的东西，一定要兑现。只有家长先是“君子”，孩子才能学做“君子”，才能唤醒孩子“君子”之思。只要建立起“君子”的思维习惯，何患长大后不能成人？

“四恶”是孔子对人性弱点的高度总结，具有一定的普遍性，尤其是“比而不周”时表现得更为典型。比如说“犹之与人”时，不要说“出纳之吝”，改口不认的也大有人在。因此要拥有和谐的人际关系，必须“尊五美”，克服“四恶”的弱点。

我国古代哲人认为，人的资质有三等，深沉厚重是第一等资质，磊落豪雄是第二等资质，聪明才辩是第三等资质。

现在人们往往只看重“聪明才辩”，家长看到自己的孩子内向，不善言谈，愁得甚至吃不下饭，到处报培训班，期望孩子也能善谈。当下社会生活节奏快，竞争压力大，人们通常急功近利，有这种想法也是可以理解的。但从古人的评述中可以看出，人们把沉着稳健、泰然处事视为人的高格调、高资质、高境界。

在电影《百鸟朝凤》中，游天鸣天赋平平，焦三爷并不想收他为徒。游天鸣的父亲望子成龙心切，在抽打游天鸣时不慎摔倒在地。此时游天鸣眼角里流出的一滴眼泪打动了焦三爷。游天鸣的这滴眼泪，透射出父子情深，亲情至善至美。故事一开始似乎告诉我们，善才是立命立身之本。

师傅领进门修行在个人，游天鸣做事认真勤奋，弥补了天赋上的不足。在电影里用唢呐模拟鸟声的那一幕，游天鸣的技艺已超越了天资聪颖的师弟蓝玉。蓝玉天赋高领悟力强，聪明又讨人喜欢，但是焦三爷最后还是把百鸟朝凤的绝技传授给了深沉厚重的游天鸣。从整个人生价值的角度看，天赋并不是最重要的，初心才是最宝贵的，只要本着初心，持之以恒地勤奋好学就能获得认可。

这部电影提醒我们，在教育孩子的时候不要批评孩子笨，不要嫌弃孩子天赋不够。孩子做一件事认真尽力就好，正如《龟兔赛跑》的故事所揭示的那样，能跑到终点就是好样的。

聪明的孩子、天赋过人的孩子并不一定就能获得最终的竞争优势，但天赋平平、爱耍小聪明才是最要不得的。“五美”看似“不聪明”“愚笨”，实则是做人成才的根基。

如果一个人缺乏善念、简单急躁，勇敢往往表现成暴怒，质朴时就显得粗鲁，聪明会变得狡猾，才辩表现成虚伪。《三国演义》中的张飞是位英雄，有勇少谋，“五美”不足，“四恶”常见，结果被下属趁机谋杀；春秋战国时期范蠡的朋友文种，

不听从范蠡的劝告被勾践赐死；《红楼梦》里王熙凤“机关算尽太聪明，反误了卿卿性命”。由此可见，无论多么聪明，多么能干，多么善辩，如果学识不足，智慧不够，克服不了人性的弱点，不能有效管理自己的情绪，往往专业能力越强，权位越高，带来的破坏性也越大。

在人际交往中没有“舍”就没有“得”，成全他人就是成就自己，站得高才能看得远，有君子之德才有处世之智。

第十节

“知”是获得智慧的最直接方式

孔子曰：“君子有三畏：畏天命，畏大人，畏圣人之言。小人不知天命而不畏也，狎大人，侮圣人之言。”

中国传统文化博大精深，内容非常丰富，经典是中华民族聪明智慧的结晶。古人许多生活的阅历和常识，一个人无法亲自去一一经历，这时熟读典籍是掌握知识最直接、高效的方式。经典书籍、生活谚语，以及圣人之言，是丰富生活经验和升华人生智慧的重要来源。

现代生活的宽度和广度已经发生深刻的变化，新生事物日新月异，这也要求我们不能过于守旧。现在社会形态与过去差别很大，一定要有敢想、敢拼的精神，要敢于质疑权威，要有批判性思辨的魄力。但是敢想、敢拼不是盲目地拼，要先做到“敬而不畏，有所借鉴”。

比如说商业模式就离不开创新思维。企业经营成本越低利润越高，因此人们总在思考怎么降低成本。假如小规模生产成本需要30元，经过资本投资，达到规模化、集约化、标准化生产，可以把成本降至10元，甚至更低。有没有一种商业模式，一开始就能把成本降为10元？

大金融、大数据的发展，往往能颠覆传统产业链分布模式，为实现这个想法提供了可能。通过大金融先把产业、客户集中起来。产业聚集后随之产生供应链经济、大数据经济、金融经济、互联网经济。通过大金融立即形成一条生态链，这条生态链衍生出的利润足够补贴聚集成本，甚至能对聚集进行补贴。就是说不但能做到零成本，还能通过补贴的形式促使产业聚集。这就是在美国上市的波特公司商业模式的核心思想。没有敢想敢拼的精神是做不到的。比如物业管理公司通过对小区业主的增值服务获取利润，如果从利润中扣除管理成本还能达到合理的盈利，那么这个物业公司就可以“零物业管理费”为发展模式开拓市场。

“小人不知天命而不畏也”，不畏的原因是不知“违反天命能产生致命后果”，因此无知者无畏。

不读经典书籍，疏于对生活经验的总结，又无视他人的忠告的人，身处险境而不自知，那么危险随时就会降临。比如，在深山沟壑之间，尤其是悬崖峭壁，水流经过的石头，其表面往往覆盖一层苔藓，非常光滑。旅游景区往往在这些地方竖立提示牌，警示游客禁止跨入。有些年轻人，自认为身手敏捷，不顾劝告，一时图快乐跳跃过去。哪里知道，在这些湿滑的石头上，根本站立不住，轻者滑倒摔伤，严重的甚至发生坠亡。

还有一类人，因缺乏是非判断的能力，不知真相而上当受骗。比如，购买假币、假收藏品、保健品等。有一则新闻报道，林先生在某事业单位工作，他的母亲是退休教师。本以为一家人的工作与生活经验足以抵挡骗子的花言巧语，然而在销售人员的花言巧语和重重攻势下，他母亲还是为保健品掏出了五万多元。山东青岛的陈女士同样没想到，六十岁的父亲因为被保健品营销公司欺骗，在海边自溺身亡。近几年，这一类事件频频被提及，成为保健品销售“恶果”的鲜活事例。

我们不可能知道所有事物发展的客观规律，生活中难免会因不知道或不了解的情况，而致使自己处于危险的境地。不知是绝对的，因此任何人都没有绝对的安全。

怎样尽可能地保障我们的安全呢？最好的办法就是有敬畏的意识，对未知事物抱有敬畏之心，而不是盲目行动。

而对于婴幼儿来讲完全是因不知道而无畏。有些人习惯站在大人的角度教训小孩，看到小孩子做得不对就批评。这种教育方式不利于孩子是非观的形成。因为孩子不知道才不顾危险，因此，根本的思路是引导孩子由不知道到知道。

比如，家长在喝茶的时候，小朋友习惯过来凑热闹。此时家长很担心小孩被热水烫到，往往把小孩拉走，要么把水杯放

在孩子触及不到的地方。其实这个时候，也是对孩子进行“知教育”最恰当的时刻。比如家长先用手去试水温，稍稍感觉有些烫就可以了。此时孩子再来玩水杯时就任由他玩，当他的手伸进水里时会感受到痛而停下来。以后他就知道热水会烫伤人，大脑会记忆这个意识。下次再看到水杯的时候，小朋友一般就不会直接触摸热水杯了。

在生活教育中，当孩子所处的环境没有安全问题的时候，可以大胆地让孩子自己玩，受点挫折对孩子的心智成长反而是好事。

第十一节

自我反省机制应该从小建立

子曰："过而不改，是谓过矣！"

"人非圣贤，孰能无过？"犯了错不要紧，关键在于能改过，保证今后不犯同样的错误。有了过错并不可怕，可怕的是坚持错误，不加改正。孔子以"过而不改，是谓过矣"的简练语言，告诉人们"知错就改"的道理，这是对待错误的唯一正确态度。

人犯错后通常有什么表现？

子夏曰："小人之过也必文。"子夏说：一个小人对于自己的过错，总会想办法说出一套理由，把过错掩盖起来。"过也必文""文过饰非"就是人类社会常见的一种心态。朱熹说："小人惮于改过，而不惮于自欺，故必文以重其过。"自己错了还死不承认，找好多借口为自己辩解，甚至要把自己辩解得无辜，这就是心胸狭窄的小人品行。

有过能及时改正，是学习君子之道的正确态度，也是具体的实践方法。而对自己的过错极力掩饰、辩解，这类人品行未必多坏，但肯定心智未开悟、不醒目，俗语说就是这类人不懂得怎么做人。

从心智教育的角度分析，培养孩子建立“有错知改”的自觉机制，就是帮助孩子健康成长。

一个人一辈子是否如意，是否成功，中年的时候看自己，老年的时候看子女，如果子女不争气，就不会有安定的生活。

从这点上来说，忽视对子女的教育的风险，高于与小人相处可能带来的风险。有的人把所有的精力献给事业，家大业大，到了老年，子女开始争家产，有的不择手段，导致亲人反目，好好的一个家给拆散了。钱买不来亲情，却可以拆散亲情。晚年时，孩子成器，心智豁达，比万贯家财都好。因此，对孩子的教育是对自己人生价值增值的最好投资。

“三岁看大，七岁看老”，“四十见恶，其终也矣”。年龄大了性格反而像个长不大的孩子，脾气大还任性，如果家里有这样的老人，多数是不和谐的。作为父母，我们不但要重视对孩子的教育，还要不断提升自己的觉悟。

一个公司经营不好会亏损，甚至倒闭，董事长、总经理要承担责任；一个家庭不和谐，一家之长要负主要责任。因此，小时候做不到“有错知改”，长大后会“文过饰非”，老年后“难辨是非”，就是典型的“三岁看大，七岁看小”。

“小人惮于改过，而不惮于自欺，故必文以重其过。”这是“小人难养”的原因，生活中与这类人共事需要更好的沟通艺术。不要企图去改变他们的思维习惯，尽量不要与之辩论，而是通过理性的沟通引导他们改变想法。

据媒体报道，在北京市海淀区某高校附近一饭店内，发生一起持刀伤人事件，致一人死亡。视频中被刀刺伤的男生谢某，持刀者是他的高中同班同学周某某，谢某还曾邀请周某某到家中吃饭。有自称知情的网友发文表示，疑为伤人者沉迷游戏挂科，被死者劝勉后怀恨在心而引发的悲剧。

这是一个极端的个案，但要记住永远不要与不可辩之人争辩。一个缺乏自我纠正能力的人，意识不到自己的过错，如果你直白地说出他的缺点，他反而会认为你是在针对他，如果他是个心胸狭窄的人，就会忌恨你甚至报复你。

生活中遇到类似的人怎么办？

心胸狭窄的人有容易记仇的特点。无论何时何事，沟通时一定要秉持充分尊重对方的态度，不能有轻视或不屑一顾的表情；切忌在公开场合说对方的不是，当第三人的面劝勉对方；善意提醒或劝勉对方时，如果他表情麻木，甚至露出不悦之情，就不能再说下去了，立刻转变沟通策略，针对他自以为满意的某项优点做出诚恳的赞美，第一时间化解他的不满情绪，避免不必要的麻烦。

周某某为什么因一点小事，会对自己的同学痛下杀手？根本的原因是周某某缺失自我反省的心理机制。

有效管理低层次心理需求，才能做到“知错就改”

人人皆知“知错就改，善莫大焉”，岂知“改正”有时比改错还重要。

孔子所讲有错就改是从社会的角度来说的，而从人的心理需求的角度分析，满足心理需求的通常被认为是正确的，不能满足人的心理需求，甚至心理排斥的东西，往往被人舍弃。

人都有心理需求，问题是能满足人的心理需求的，从社会的层面上看，未必是合理的。

人最喜欢不劳而获，比如突然得到意外之财，买彩票中大奖，就会欣喜若狂。不需要付出就能轻易满足衣食住行，最能迎合人的心理需求，比如社会出现的“包养”现象，不就是现实版的“守株待兔”吗？因为这种不劳而获的心理满足来得快而直接，很容易形成一种生活习惯，且对这个习惯产生极强的心理依赖，再想走出这个不健康的生活状态就非常困难。

瞬间得来的成功很容易给人的心理带来满足。这种心理满足感或成就感又反过来促使人反复做同样的事情，比如赌博、打游戏，这使人陷入单纯追求心理满足感的自我封闭的怪圈。

打游戏必然会有成瘾的发展趋势，任何人都会如此。2018年 6月 18日，世界卫生组织正式宣布网瘾是精神疾病，游戏和毒品、赌博一样，容易让人上瘾。

打游戏之所以能上瘾就是因为游戏瞬间而可重复地给人带来心理满足，单纯从心理需求上来讲这是“正确”的“激励”，沉迷于游戏的人意识不到这种“正确”在社会层面是错误的，比如网瘾会导致社交障碍。这种心理特征正是“文过饰非”的原因。

快速而可重复满足人的低级心理需求行为，初级阶段并非是“错误”的，谁从来不打游戏？低级心理需求依然需要满足，但是如果放任其发展，就很容易走向反面，从这个角度讲，就要及时“纠正”，从心理层面建立起“报警”机制，增强过度追求低级趣味的免疫力。

人一旦陷入快速可重复的心理满足的陷阱，必然有成瘾的趋势。而儿童天生容易迷恋可快速带来心理满足的事物，因此，家长应该高度重视孩子心理的需求状况。比如帮助孩子有节制地玩游戏，则能提高孩子心理需求的管理能力。如果一个人能很好地管控自己的心理需求，则必然具备知错就改的能力，很少做出过激的行为。

第十二节

心胸狭窄终将一事无成

子贡问曰:“何如斯可谓之士矣?”子曰:“行己有耻,使于四方,不辱君命,可谓士矣。”曰:“敢问其次。”曰:“宗族称孝焉,乡党称弟焉。”曰:“敢问其次。”曰:“言必信,行必果,硁硁然小人哉!抑亦可以为次矣。”曰:“今之从政者何如?”子曰:“噫!斗筲之人,何足算也?”

孔子观念中的“士”,首先是有知耻之心、不辱君命的人,能够承担一定的国家使命。其次是孝敬父母、顺从兄长的人。再次才是“言必信,行必果”的人。他认为器量狭小的人,不配从事“士”业。

“行己有耻,使于四方,不辱君命”是职务行为,与“修己安人”有本质区别,与君子的标准还有较大的差距。

君子和小人不是静态的而是动态的,任何事物都是阴中有阳,阳中有阴,孤阴不生,独阳不长,小人欲君子则能君子,君子也有小人的一面。

修行君子之道,彰显君子之气,抑制小人之气,能“常修德，常讲学，闻义能徙，不善能改”，达到“不惑、知言、知人、知天命”的境界，就能有效管理自己的性情，这就是生活中有血有肉的君子，并不是可望而不可即。如果说“不惑”是意识形态的概念，那么“士”就是一个具体可行的现实参照物。如果说“君子”离我们还很远，那么“士”离我们就很近了，器量狭小的人是成不了事的。

孩子的心智不成熟，心胸通常比较狭窄，尤其是婴幼儿表现得更为突出，这是正常的现象。婴幼儿的这种“自私”心理，一方面需要适当保护，给孩子安全感；另一方面过度保护就是鼓励孩子犯错，“自私”行为就会变本加厉，不利于心智健康发育。如果青少年时期忽视孩子心胸开阔的教育，等到成年心智稳固后就很难再改变了。

心胸狭小之人是做不成大事的。首先要让孩子成为一个心胸开阔的人、包容的人，其次成为一个“言行一致，敢做敢为”的人。做到这两点，再努力具备时代要求的知识结构，何愁成不了“士”呢？

婴幼儿时期心智健康发育，青少年时期懂得包容，掌握并具备时代要求的知识结构，成年后能做到“常修德，常讲学，闻义能徙，不善能改”，四十能做到不惑，这就是一个接近完美的人生。

第十三节

启发有所思有所想

子曰：“人而不仁，如礼何？人而不仁，如乐何？”

遵守礼仪是被社会接纳的前提，可以更好地融入社会。从这个角度看，不仁之人岂不是更需要遵守礼仪？音乐有巨大的感染力，可以陶冶情操，调节情志，放松心情，不仁之人也需要音乐。

“兴于诗，立于礼，成于乐”是孔子育人的成功实践。从教育的角度看，“立于礼，成于乐”无法把“人而不仁”之人教育成才，“人而不仁”属于中国传统思想所讲的“人之性情有教而不能自善者”的类型。

为什么孔子不说“人而不仁，如《诗》何”？

《诗》思无邪，唯有《诗》或许能使不仁之人修得仁心。

仁为君之本，孝悌为仁之本，不仁之人，乃不孝、不悌之人。不孝悌即有家庭关系认知障碍，必然出现社会关系认知障碍，进而导致“教而不能自善”。

人之不仁有两种情况，其一，未成年人，特别是七岁之前的孩子，年少思想纯洁，用诗歌可以感发其意志，促使其建立向善求仁的自觉；其二，不仁的成年人，其思想复杂，孝悌已经稳固，诗歌即使能感发其意志，未必能使其建立自觉机制，因而孔子就有了“如礼何”“如乐何”的感叹。

家庭生活教育，除了孝悌养育，重点就是培养孩子“思无邪”的性情。比如读古诗，绘画，听音乐，观看富有感染力的大型表演，了解英雄事迹、感人的真情故事等，有条件的可以让孩子多参观充满清明灵秀之气的自然胜地、人文景观，让孩子心灵产生共鸣，只要有一点能触动孩子有所思有所想，就能放飞对真善美追求的梦想。

我们知道《大宅门》里的白景琦小的时候很调皮，他将臭豆腐汤灌进教书先生的鼻烟壶里，熏得先生丈二和尚摸不着头脑；他把砚台放在门上沿，待先生进门的时候浇先生一头墨汁；他装扮成孙大圣，说求下了“圣水”让兄弟们轮流喝尿。七八个教馆的先生都被他气跑了。二奶奶对自己的儿子也是一筹莫展，为了孩子的教育两口子没少吵架。这是白景琦小时候“不仁”的表现。但是，有两个故事情节是不可忽视的，一个是白景琦特别能保护自己的妹妹，对父母很有孝心；另外一个是季宗布第一次去白家，正好碰到白景琦用铁夹夹一块烧红的木炭放在自己的胳膊上，还神情自若地告诉怕红薯烫手而不敢拿的兄弟们："这不烫吗？"周围的人早就惊奇得目瞪口呆了，老仆人胡子头赶紧去向二奶奶报告。季先生看了微微一笑，对二奶奶说："我看这孩子挺好。我小时候比他淘。孩子得管，但不能管傻了。听话的不一定是好孩子，不听话的长大了未必没出息。"就这几句话，足以看出季先生非同一般。他知道这样的坚韧正是做大事所需要的，孺子可教也。

季宗布愿意当白景琦的老师就是看中了这孩子虽然顽劣但是可造之材。白景琦整走了七八个教馆先生，唯独被季宗布治得心服口服，原因就是季宗布能抓住孩子的心理因材施教。

季宗布了解白景琦性格刚毅，这是他教育成功的主线，教文更重视教武，以文成就武。季宗布一开始就没想着把白景琦培养成教育家、思想家或什么学者大儒。如果白景琦生活在今日之中国，现在的教育环境能把白景琦培养成才吗？他会成为什么样的人呢？

与其相反，白景琦的三叔白颖宇，就是一个十恶不赦的地痞无赖的典型，是个不仁不义的小人。即使面对这样的人，大宅门的当家人二奶奶始终没有放弃他，恩威并重，在亲情的感化下，白颖宇时而会自责会反思，行为有所收敛，但恶习秉性不改，依然做了不少缺德事。二奶奶去世，白颖宇到灵前忏悔痛哭，似乎真的活明白了。白颖宇在其痛骂日本侵略者和汉奸王喜光之后服烟膏而死的那一刻的良知回归，也是对自己过往所做的丑事以实际行动忏悔、赎罪，同时体现了二奶奶作为一家之主在教化上的智慧和伟大功德。

家训重要，家庭文化更重要。对于不仁之人，任何的说教、训导发挥不了多大作用，真正能让不仁之人有所思有所想，离不开亲情的感怀。白颖宇从始至终就是一个长不大的孩子，小孩子有这种品性叫恶习、顽劣，从教化的角度看，二奶奶对于白颖宇实质上扮演的就是教化的角色。白颖宇下三滥的为人甚至越过了规则和道德的底线，二奶奶知道他吃里爬外，即使如此，在重组家业时仍私下保留了白颖宇的股份。白颖宇日后知道这件事后羞愧得无地自容。二奶奶做人做事真诚不做作，饱含人性的真善美，令人感动。这种感动是自发的，能解开人的心结。倘若二奶奶把白颖宇从家里赶出去，白颖宇仅存的善念可能就此毁灭，他或许会成为对白家威胁最大的敌人。

有所思有所想，才有可能自视、自察、自正。说教或者暴力管教不但不能让孩子有所思有所悟，反而会引发孩子反感、抵触甚至对抗。

怎么样才能让孩子有所思有所想？

契机很关键，趁热打铁，教育也是如此。我女儿三岁的时候玩一个通过手搓能起飞的玩具。一开始和孩子一起玩，我观察到有几次孩子能独立完成，但是让女儿自己完成的时候，她显得很没信心。我告诉她操作步骤，并要求她连续操作十次后，

我才会和她一起玩。一开始孩子看上去很不情愿，当她第三次成功地让玩具起飞的时候，高兴得跳起来了，大声地说爸爸我成功了。当她自己会玩了，你再想和她一起玩她都不愿意。孩子信心不足的时候需要鼓励，但不能盲目地做，若再次失败，孩子身心更容易受挫，这个时候一定要帮助孩子把事做成。

这看起来是一件很不起眼的小事，但能让孩子体会到成功的喜悦。当他再次遇到困难的时候，这些生活中微不足道的成功经验能帮助他正确地去面对困难。

第十四节

好的规则能成全人的发展

子曰："射不主皮，为力不同科，古之道也。"

歌唱不是比谁的声音大，而是比谁唱得更悦耳更动听。当然也可以有比声音大小的比赛，不用在乎发声的旋律，谁的声音分贝高谁赢。

古时候，射箭比赛看射中的位置得分，而不以射穿的力度为评分标准，考察的不是力量大小，而是发力的技巧。

人的力量因骨骼结构差异存在先天性差别，后天再怎么锻炼也难有突破。但射箭不考察力量的大小，而是比赛发力的技巧，以射中的位置定胜负，一般人都具备参赛的能力，输了只能怪自己技不如人。

"力不同科"，单从力来分类，有力量大小的分别，有发力技巧的分别，就射箭而言，力量大的可以从军，命中率高的可以当猎人。做人也有同样的道理，每个人都有不同于他人的长处或优点。社会的需求不仅千差万别，而且有不同的层次，因此任何人都有存在的价值，社会一定存在适合自己的位置，唯一的问题是有没有找到。

一个人要立足于社会，以谋发展，在社会上找到一个合适的位置，是件十分重要的事，那么如何才能更好地找到自己的位置？

《淮南子·齐俗训》提出凡物“各用之于其所适”的思想，但并没有告诉我们怎样“使物达适”，而是用了排除法“马不可以服重，牛不可以追速，铅不可以为刀，铜不可以为弩，铁不可以为舟，木不可以为釜”，先把物绝对“不适”的一面找出来，警醒世人不要走向事物的反面。除此之外，我们只能先弄清楚自己可以做什么，擅长做什么，喜欢做什么，其次再向外看社会的需求。自己擅长的未必能构成竞争优势。在某个行业比自己强的人或许很多，或者社会需求在这方面本身就很低，因此喜欢的或擅长的对自己来说未必是好的。最后，自己能做的，别人或许也能做，但是自己能做好的，别人未必能做好。大家都能做，但是自己能做好，无形之中就成为自己的竞争优势，反而成为立身之本。

每个人都有别于他人，不同而各有所用，好的规则就是让人的这些不同之处都能展现出来。

不要轻易地拿自己的短处去比别人的长处，也不要拿自己的长处去比别人的短处。长处再长的人也有短处，短处再短的

都停不下来，矛盾只会越来越深，最后发展到双方无力回天的窘境。一次争吵就是一次家庭关系危机的警钟，应当引起家庭成员的高度警惕，无论如何都不能让家庭关系进入相互伤害、相互消耗的发展轨道。夫妻之间最大的敌人是什么？是猜疑，是不信任。如果情侣或夫妻之间开始相互猜疑，他们的未来也就可想而知了，再好的关系也耐不住长久的相互消耗。

家庭关系要靠亲情通过家庭成员的自觉来维护，要相互给对方以信任和安全感，相互满足对方对精神和物质的需求。家庭文化的建立和传承，能很好地帮助家庭成员自觉地维护家庭。

每个家庭都有自己的历史，把老一辈经历过的充满正能量的事迹记录下来，在适当的时机讲给下一代听，一方面能增进亲情，另一方面还能培养孩子的家庭责任感、荣辱感。当孩子有较强的家庭责任感和荣辱感的时候，一般就具备了辨别是非的能力，就能很好地独立生活。这就是家庭文化的力量。

塑造家庭文化，传承家庭文化，家里时常充满仁德气氛，有利于孩子仁德的健康养成，确实是一件很有意义的事情。

第十五节

养成常对仁德照镜子的习惯

子曰："居上不宽，为礼不敬，临丧不哀，吾何以观之哉？"

居上不宽的人，为礼不敬的人，临丧不哀的人，为不仁之人。遇到不仁之人，该怎么办呢？

人而不仁，也分不同的情况。对于巧言令色之不仁，可以通过"视其所以，观其所由，察其所安"进一步识别是否为可交之人。大多数人，可以通过"诗、礼、乐"的教化而提升其仁德；只有少数不仁之人，如无信之人，无可救药。

"吾何以观之哉"之"观"若为"观其所由"之观，那么"居上不宽，为礼不敬，临丧不哀"为"视其所以"之"视"的具体情形。"吾何以观之"的意思就是不需要再深入到"观"的阶段，就能"知"道这个是什么样的人。首先，这样的人为不仁之人，不能当作朋友深交；其次，看这个人能否用"礼、乐"教化，是否为"有信之人"；最后，通过"近之、远之"考察是否为能与之共事之人。

这就是一个知人、与之共事的过程。人与人交往，或者参与到社会管理工作，遵循这样一个“知人”的规律，根据实际情况灵活运用，可以帮助我们处理和优化人际关系，并能提高自己对事物发展的预判能力和管理能力。

比如男女处对象，在相处过程中，对方常因一点小事责备你，或对你要求比较苛刻，或吵嘴时提起你以前的不是，不能很好地包容你，那么对方可能是个心胸狭窄的人。有的男人为了晋升，给领导买茅台送中华，而初次去女友家，只是买两瓶一百多块钱的酒。初次见家长，见面礼过轻，或不太尊重对方父母，这样的人内心对你重视也不够。有的人面对地震、意外灾祸的情景表现得毫无怜悯之心，遇到倡议捐款也无动于衷，那么你可能遇到的是一个铁石心肠的人。

某公司员工上班时突发急病，因家属无钱治病求助新闻媒体。员工工作中突发急病住院治疗，公司老板很无情，一分钱不出。政府部门来调解，老板也不出面，派人力资源经理负责处理。这个经理可能是受到了老板的压力，处处为老板辩解，说公司没有责任，表现得也毫无同情心。政府部门的工作人员说：“公司的员工在岗位上工作时突发急病，公司有义务给员工治病，如果今天病倒的是你，而你的老板也这样对待你，你还会如此为老板辩解吗？”这个经理顿时无言以对。经过工作人员对其进行法律宣讲，这个经理意识到错误，表态说尽量做通老板的思想工作，尽快处理好这个问题。当天下午公司就为员工垫付了医疗费，员工得到了及时的救治，问题得以圆满解决。

我国社会保障制度规定，公司员工在岗位工作时突发疾病参照工伤执行，公司有义务先尽力抢救病人。从人道主义的角度，公司也应该尽力抢救病人。员工有难而公司坚持事不关己的态度，会让员工寒心，不利于稳定生产，最终老板也有损失。

这件事说明人也应当及时对照自己的仁德，了解自己的仁德处于什么状态。如果长期疏于修养自己的仁德，或许也会因一时的私利而犯常识性的错误。2018年5月13日，二更创始人深夜道歉，二更食堂微信公众号永久关闭，CEO被免职。原因是二更食堂发表《托你们的福，那个杀害空姐的司机，正躺在家里数钱》一文，因文内存在低俗内容，引起网友的强烈反感与谴责。作者或许被利益冲昏了头，希望他们能尽早照照“临丧不哀”的镜子，早日悔过，拾起仁德之心，重新做人。

人的一生至少要做好一个角色

能做好一个角色，就能明白生活的许多道理。优秀的家长一定是优秀的员工，或出色的领导者。

“居上要宽，为礼要敬。”在家庭生活中，与孩子相处的状态是一面很好的镜子。生活中我们常常看到家长与孩子针锋相对的情景。比如，孩子想去某个地方玩，在去的路上，孩子因其他事情闹情绪，有的家长会说“你不开心我们就不去了”或“再吵就不去了”等。这个时候孩子即使停下来，往往也很不情愿。家长通过强势甚至霸道的方式威胁孩子，这种解决问题的方式是不公平的，如果这种事情发生在成年人身上，矛盾不但解决不了，反而可能会升级。

家长相对于孩子是绝对的“居上”，问题不需要通过“谈判”而能单方面解决，这会给人带来极强的心理优势，促使家长把自己的主观想法强加给孩子。特别是孩子不听话或任性的时候，家长就会倾向于单方面以自己的主观想法解决问题，即使家长非常明白孩子的想法，也不愿意向孩子屈服，取胜的心态依然表现得很强烈。

家长要思考是不是对孩子不够宽容。在孩子耍性子的时候，家长首先不能耍性子，更不能想着制服孩子。如果孩子与家长对着干，孩子的性子只可能越来越大，最后的结果往往是家长投降，耍性子就成为孩子制服家长常用的方式。但也有可能走向另一个极端——孩子向你投降，孩子的真实性情被家长长期压抑，也不利于其心智健康。

最近有个朋友向我诉苦，说他女儿不怎么理他，他一对女儿说话，女儿就用白眼看他，问我怎么办。我问他是不是常常责怪女儿，他说是。我告诉他要对孩子多包容，孩子天性贪玩，犯点错、有点毛病再正常不过了，要允许孩子犯错，没有犯原则性错误就不要严肃批评，该玩的时候要鼓励孩子去玩。当时我这个朋友就说“一语点醒梦中人”，过了两周我朋友说，最近孩子对他好多了，不再用白眼看他了。

当孩子任性的时候，家长反而应该更冷静。等待孩子情绪平稳后再沟通，引导孩子认识到错误，而不是通过一味地说教，逼迫孩子接受家长的意见。

“为礼要敬”，生活中家长就是孩子的典范。家长有不好的言行，孩子也会跟着学，时间久了就养成了不好的性情。比如，当孩子面讲成人笑话，说不健康的段子，教孩子乱编“脱口秀”取乐，篡改、消遣英雄故事等，会歪曲孩子的是非观，危及孩子的心理健康。现在孩子很轻易就能接触手机和互联网，快手、抖音上某些不健康的短视频对孩子影响也很大，家长应该长期关注孩子社会价值观的正确形成。

除教会孩子懂得礼貌外，还要教会孩子懂得对人尊重。比如，现在生活中离不开网购，经常要与快递员打交道，家长能对快递员说声“谢谢”，孩子在社会交往中就能学会说“谢谢”。再如，开车按交通信号行驶，遇到堵车要有耐心，按交规礼让，孩子以后也能养成良好的驾车习惯。遇到冲突时，不故意去激怒对方，采取合理、合法的取证手段，把安全放在第一位，以后孩子遇到紧急事况，也能学会正确处理问题的态度和方式。

第十六节

怎样才能自我保护

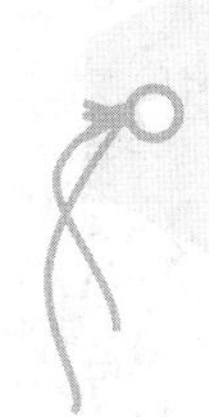

子曰："不仁者不可以久处约，不可以长处乐。仁者安仁，知者利仁。"

不仁者的特点是什么呢？

孔子告诉我们，不仁者穷困潦倒、走投无路的时候，为改变现状，往往不择手段，甚至违法犯罪；当不仁者处于安逸生活状态的时候，往往会骄横奢侈，得意忘形，沉溺于享乐，甚至道德沦丧。这就是不仁之人的发展规律和必然趋势。

怎么避免出现这样的人生悲剧？孔子给出的答案就是"志于仁"。

如同一只股票，经一番分析得出这只股票未来十年都是向上的，那么就得出这只股票在这十年内的每一次下跌都是买入的机会。这样就总结出对一只股票的基本操作方法。

或许你会问，怎么判断、分析一只股票的长期发展趋势？其实一只股票、一个企业的发展规律也有类似人的一面。孔子通过"视、观、察"长期跟踪分析人的性情，归类出"不仁者，不可以久处约，不可以长处乐”的结论。能对一只股票长期发展趋势做出正确判断的前提是具备孔子这样的分析能力、方法和智慧。

懂得给自己留置逃生路线

只知道“不仁者不可以久处约，不可以长处乐”的人生经验是不够的，关键在于怎么用。使用这个结论的前提是具备识别“不仁者”的能力。比如说中国股市上证指数迟早能上一万点，但有什么用呢？谁买还不是谁亏？

通过对一个人的“视、观、察”大概能知道他是不是“不仁者”，大致能知道他在不同的生活环境会有什么样的习性。

生活中招惹上小人，往往会给自己带来很多风险。

据新闻报道，中国女留学生江某在日本东京遇害。刘某和舍友江某两人回到居住的公寓楼时，发现陈某等在公寓楼门口，三人于是发生了争执。江某叫刘某先回房间，自己一个人在外面与陈某理论，陈某拔出随身携带的刀具刺死江某。这场惨剧断崖式地改变了三个人的命运，江某殒命异国，陈某被日本警方拘捕后起诉，刘某的生活同样被完全打乱，遭到网民的口诛笔伐。

我们总问为什么善良的人容易受到伤害，好人难道就不能有好报吗？

从理性的角度分析这件事，具备“视人、知人”基本社交能力是不是很重要？

知其不可辩就不与之辩，知其不可交则不与之交。在人际交往中“近之、远之”有度，小人就很难进入你的朋友圈、生活圈，不但能净化生活的安全环境，还能大大提高社交质量。

要掌握“视、观、察”本领，首先自己得是一个“仁者、知者”。不要以为成为一个善良的人就行了，不够的！

如果不懂得保护自己，那么更容易受到伤害。

据新闻报道，“送一名孕妇阿姨回家”的暖心微信成为女孩小萱的遗言。犯罪嫌疑人之一的孕妇谭某已经被警方抓获，其交代了他们利用女孩的同情心将小萱骗至出租屋内，伙同丈夫白某杀害小萱的犯罪事实。

在社会交往中，不置自己于绝境，不做超出自己承受能力范围的事情，是很重要的原则。特别是女生，与人相处的时候，尽量不要去封闭的空间，要处在一个绝对安全的空间范围。

中国法律规定，每一栋大楼都必须有符合要求的消防通道，这是对人身安全及生命负责。个人更要主动重视自己的人身安全，无论何时，都要给自己的人生留置逃生路线。

第二章

学习观与成长成才

第一节

成功的基本逻辑

子曰：“学而时习之，不亦说乎？有朋自远方来，不亦乐乎？人不知而不愠，不亦君子乎？”

这句话包含了三个场景：学校学习的场景；志同道合的人聚集的社交场景；太平盛世的社会场景。人人有德，人人敬老，人人爱幼，人人无烦恼，无人不饱暖的理想社会，是伟大君王的伟大事业。

这三个场景是递进关系，顺序不可颠倒，前者是后者成功的基础和条件。孔子用这三个场景回答了修行君子之道的人有疑虑的三个问题，即修行君子之道，在不同的阶段，应该做什么，怎么做，需要达到什么样的标准。同时指出了修行的根本性方向，在不同阶段修行的根本方法，检验修行成果的参考标准。这实质上就是成功学的基本模式，要成功地修身立业就要遵循这个模式去行动。

这个复杂的逻辑关系，可以置换成一个简洁的表述形式，即成功学的基本公式（事物逻辑关系）：先有事实（学而时习），事实先在小范围被认可（有朋自远方来），事实成就事业（君子之业）。

比如：连续两个学期考试，课程成绩都得A，平时又乐于帮助同学（事实），大家都认为这个同学品学兼优（事实被认可），期末被评为三好学生（事实成就荣誉）。

马云有学识，有远见，有梦想，召集志同道合的人创业，开办阿里巴巴，经过奋斗，阿里巴巴终于成为世界最大的平台型互联网公司。

一个完整的人生，应该这样度过：年轻的时候致力于学识的积累，成年后能有志同道合的朋友相随，中年后心性豁达，业有所成，老年后能随心所欲地安享晚年。

学习有客观规律，要找到适合自己的方法

“学而时习之，不亦说乎？有朋自远方来，不亦乐乎？人不知而不愠，不亦君子乎？”与“吾十有五而志于学，三十而立，四十而不惑，五十而知天命，六十而耳顺，七十而从心所欲不逾矩”能够很好地相互解释，相互补充。

在学校学习阶段，要一心一意、全神贯注地立志于学识的积累。“习”就是对所学知识的“实践”，“说”就是所学知识得到“实践”的检验。

“学”“习”“说”是方法，是过程，是要求。只有做到

这三点，所学的知识才能长到心里去，永久性地沉淀成学识，最后升华为陪伴自己一生的智慧。

只要自己成长为一个有人格魅力的人，志同道合的朋友自然就聚集而来。没有足够的学识，缺乏人格魅力，交的多是酒肉朋友，这样的朋友不但帮不到你，反而可能会拖累你。在学习阶段，学习永远是第一位的，交朋友是第二位的。

“三十而立”的“立”至少包含两方面的意思，一是物质的立，二是精神的立。两者缺一不可，物质若立不稳，精神就立不足；精神若立不足，物质就立不久。那么怎么样才能立足、立稳？首先要“吾十有五而志于学”。学的方法是“学而时习之”，学的要求是“学而悦”。学有所成，有人格魅力，自然“有朋自远方来”。身边聚集一帮有学识的志同道合的人，德才兼备定能容身立业。这就是一个“君子之道”的具体实践过程。

就具体的读书学习而言，“学而时习之”也是自成体系的。习，可以是预习、练习、复习、实习。掌握知识的学习过程具体地分解为预习、练习、复习、实习几个步骤。这是一个科学的学习方法，也是灵活运用知识的方法，是掌握知识的一般性发展规律。按照这个过程，学起来就不会觉得那么难。把所学的知识有意识地用起来，调动学习的积极性、主动性，就可以做到身心愉悦。

“学而时习之”是掌握知识一般性规律，应该从小养成良好的学习习惯。如果某门课程比较难，学习成绩老上不去，怎么办？那就从这门课程第一节再次学起。从前往后进行无缝隙、系统性的梳理，厘清并汇集所有生疏的知识点。对于这些生疏的知识点，进行反复强化练习，直到能熟练运用，如此就能把这门课的所有知识点的断层贯通。如果平时坚持预习、复习，那么课程知识点就不会出现断层。总而言之，学习成绩不好最主要的原因还是学习方法不对。

第二节

学行君子之道的日常要求

子曰：“君子不重则不威，学则不固。主忠信。无友不如己者，过则勿惮改。”

孔子说：“君子不庄重就没有威严；学习可以使人不闭塞；要以忠信为主，不要同与自己不同道的人交朋友；有了过错，就不要怕改正。”

传统的解释在逻辑上牵强附会，比如说“庄重”就会有“威严”吗？就会有“威信”吗？就会有“号召力”吗？“庄重”就能“有朋自远方来”，就能谋划大事吗？这显然是说不通的。

“学而时习”，达不到“说”的标准，这个学的成果就“不固”，通俗地说就是所学的知识还不能指导实践，换句话理解就是学识及理论水平还不够，因而“君子不重”。

学不固，则君子不重，君子不威。君子不威，就不能“有朋自远方来”，因此必须从“主忠信”“无友不如己者”“过则勿惮改”三个方面继续努力学习君子之道。

什么是忠？什么是信？朱熹注：尽己之谓忠，推己之谓恕。

尽心尽力做事，推己之心待人就是忠。“信”包含真实、诚实，以诚待友、守信用，信任他人、取信于人、取信于民三层意思。程子曰：“人道惟在忠信，不诚则无物。”忠信是君子的根本之道，忠信与孝悌一样都属于仁的范畴。但忠信又不同于孝悌，忠信主要体现为君子之体用。主忠信就是君子主张、奉行忠信之道。

怎么样才能提升自己的修养呢？就是“亲仁”，接近仁者。“无友不如己者，过则勿惮改”，参照这两个具体可行的实践方案，向比自己好的人借鉴、学习，参照仁者一一校正自己。通过这个学习、实践、校正的具体过程，逐步提升自己的品格，从而建立起自善机制。从“君子不重”走向“君子重，君子威”，从“无友不如己者”到“有朋自远方来”，最终向“君子”看齐。

“学不固”属于“学而时习之”阶段的学校场景，这个阶段学习是第一位的，原则上交友服从于学习。学识不足就交不到志同道合的朋友。

那么交友要坚持什么原则？坚持“无友不如己者”的原则，就是说能不能在“修德、讲学、徙义、改不善”四个方面帮助你，如果不能就不要与这样的人交往。

谨而信，泛爱众，主忠信。通过这一系列的“亲仁”行动逐步建立起“修德、讲学、徙义、改不善”的成长机制，并持之以恒地坚持下去，那么就能成为孔子所定义的真正意义上的“君子”。

第三节

帮助孩子建立起“自善”机制

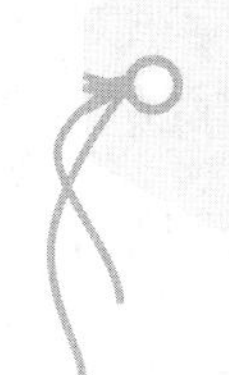

子曰：“温故而知新，可以为师矣。”

“温故而知新，可以为师矣”就属于“教而能自善者”。

对所学的知识或掌握的事物规律，再重新全面地回顾，往往会有新的收获。对于一个问题，看第二遍会觉得比第一遍理解得深入了一些，第二天回头再看，又会有不同的理解，这其实是认知层次不断提升的发展规律。如果自己掌握了这个规律，那么就可以此为师。在学习知识上如此，在认识其他事物上同样如此。

既然存在这样一个规律，就要会用这个规律，以巩固所学知识，这也是科学的学习方法。

首先，对所学的知识，要有计划地复习；其次，对某个知识点一时理解不了，暂时先放一放，过一会儿或次日再回头学习，也许能豁然开朗；再次，对成绩比较差的课程，从头到尾地反复学习，把生疏的知识点学熟练，用心查漏补缺，这是提高学习成绩的根本方法。

在日常生活中，同样地，掌握某类事物的发展规律，就能知道发生类似的事件后会有什么结果。好事多学多做，保证不好的事不发生在自己身上。比如开车闯红灯会有罚单，大家都不会去闯红灯；知道一个同学做了某件事情被老师处罚，自己就不犯同样的错误；看到吸毒的教育片，知道一旦接触到毒品，会毁掉终生，那么就要严格要求自己不能接触任何形式的毒品，否则自己的一生也毁了。

明明知道吸毒会染上毒瘾，就不要好奇地去尝试。总有很多事情我们是不能亲身去体会验证对错的，别人惨痛的教训足够引以为戒。

“温故”就是借鉴、参考，每个人不可能经历所有的事，丰富自己的生活经验需要通过借鉴、参考别人的经历来补充积累。

“知新”就是把这些借鉴、参考而来的经验和常识转化成智慧，“不使不仁者加乎其身”，校正自己就能正道而行。

家事、国事、天下事有相类似的发展规律，“以史为鉴”就是“温故知新”。物以类聚，人以群分，在分析事物的发展规律时，对万物进行归类是常见的分析方法。温故，就是对过去发生的事情总结、分析、归类，对照当下事物发展的现状，就可以预知事情未来的吉凶。这种逻辑推理，在数学上叫“归纳法”，在结构数学哲学上叫“同构分析法”。如果两个结构是相同的，那么其上的对象会有相似的属性和操作，对某个结构成立的命题在另一个结构上也就成立。比如北京国家体育场（鸟巢），其建筑结构灵感就是来自织布鸟织成的鸟巢。再比如一叶知秋，同一时期，叶子的颜色、纹理一般有共同的特征，这些共同特征与四季变迁高度吻合，因此就能凭一片落叶知天下四季变换。

一事知政，事物之间存在着普遍的联系，掌握某个具体事物的发展过程，往往可以洞悉类似事物发展的趋势。

第四节

学习本质上是学做人

子曰：“吾与回言终日，不违，如愚。退而省其私，亦足以发，回也，不愚。”

“如愚”“亦足以发”，孔子用两句话概括出学习者应有的态度。用颜回树立学习的楷模，检验知识掌握的程度。

学习知识，只是记住了、掌握了还不行，一定要有自己的理解，并能在日常生活中发挥出来，把所学知识锤炼成生活的常识和经验，升华为智慧。其实这就是“学而时习之，不亦说乎”的一个具体体现。

如学生对课程或老师产生消极情绪，一定会分心。俗话说：“满罐水不响，半罐水响叮当。”越是一知半解的人，越容易与人争辩。“大勇若怯，大智若愚”，越勇敢的人越沉着冷静，越有智慧的人越谦虚谨慎。

“如愚”其实就是孝悌圆满的体现。师生如父子，师生关系就是父子关系在社会层面的延展。师生、同学关系又是人际交往的进一步拓展。

学习本质上也是学做人。

教材和课程是经过专家系统筛选设置的，是未来进入社会必须掌握的基础知识，授课老师应具备相应的专业知识。因此，一方面，在态度上，学生要下定决心掌握这些课程知识；另一方面，在学习过程中，要对老师充分地尊重。只有做到这两点，才能集中精力进入学习状态。

怎样判断有没有掌握所学知识?

应用练习题就是实践操作，习题是从生活中抽象而来的，我们要把它还原成生活实践的场景，那么能熟练地解决练习题，在以后的生活中遇到此类问题就能有效应对。

比如《田忌赛马》的故事就是一个灵活运用知识的案例。齐国的大将田忌和齐威王约定，要进行一场比赛。各自的马都可以分为上、中、下三等。比赛的时候，齐威王总是用自己的上马对田忌的上马，中马对中马，下马对下马。由于齐威王每个等级的马都比田忌的马强一些，所以比赛了几次，田忌都失败了。田忌的朋友孙膑，给田忌出了个主意：先以下等马对齐威王的上等马，第一局田忌输了。接着进行第二场比赛，拿上等马对齐威王的中等马，获胜了一局。第三局比赛，拿中等马对齐威王的下等马，又战胜了一局。比赛的结果是三局两胜，田忌赢了齐威王。同样的马匹，由于调换一下比赛的出场顺序，就得到了转败为胜的结果。

要克敌制胜就要对双方的情况做一个系统的分析，从排列组合的应对方案中选出最优的对付敌人的方法，这就是“运筹帷幄之中，决胜千里之外”的体现，是早期运筹学的应用。第二次世界大战，英国数学家艾伦·麦席森·图灵利用运筹学通过大量运算，帮助军方成功地解决了许多作战问题，为同盟国提高了作战胜率，这本质上是升级版的《田忌赛马》故事。图灵在解决这些运筹学领域的基础问题时需要进行大量运算，为

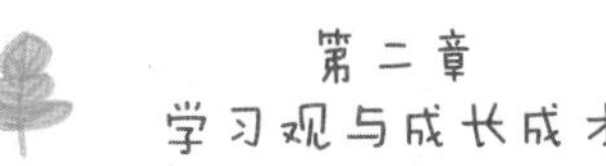

第二章
学习观与成长成才

提高运算效率，研制了一台计算机，这就是著名的“万能图灵机”，是最早的人工智能机器，是大数据运算的鼻祖。

再比如，现在城市停车非常困难，而小区固定停车位白天空置率又较高，如何解决这个矛盾？假如小区固定停车位有1000个，小区固定停车位月收费200元，1000个停车位月收费20万元。从早上8点到晚上6点，空置率按30%算，有300个停车位，每天可以向社会提供3000小时的服务，按每小时收费10元计，每天潜在收益3万元，月收入90万元左右。从大的方向看，这既能解决城市停车难的公共问题，还能实现盈利。接下来首要的问题是调查核实城市小区固定停车位的真实空置率，通过大数据模拟计算可盈利空间。其次，即使有理想的盈利空间，具体操作也有很大的难度。小区停车场产权关系相对复杂，牵扯到开发商、物业管理公司、业主、车主、政府部门等，如果有一种商业模式能解决上述问题，那么这就是一个很大的市场。

“不愚”是“如愚”在学习知识上的升华。

做练习题就是一次知识的运用，是巩固所学知识的必要手段。在开动脑筋，运用理论，解决现实生活问题的过程中，往往会产生新的认识。思想和科技就是在这种运用知识解决现实问题的过程中不断进步的，这是最有社会价值的创新。

第五节

人贵有自知之明

子之武城，闻弦歌之声。夫子莞尔而笑，曰："割鸡焉用牛刀？"子游对曰："昔者偃也闻诸夫子曰：'君子学道则爱人，小人学道则易使也。'"子曰："二三子！偃之言是也。前言戏之耳。"

孔子去游武城，听到弦歌之声。孔子微笑道："杀鸡，哪用牛刀呀？"子游对道："往日我曾听先生说过，君子学于道，便懂得爱人。小人学于道，便易从使命。"孔子对从游的人说："诸位！他的话对呀！我前面所说只是对他开玩笑的。"

孔子先"莞尔而笑"，后又"前言戏之耳"，表明孔子与子游在具体问题的沟通上不在一个频道。出现此种情况有三种可能：一是孔子意识到现在的场合不适合进行学问的探究，立即通过"前言戏之耳"幽默风趣地自嘲，打破了尴尬的气氛，表现出孔子的睿智，思维灵活多变，对自己的学生也给予充分的尊重，展现出一个和蔼可亲的老者形象；二是子游是个有个性、固执、爱面子的人，"政绩工程"需要赞美；三是从孔子前后两个“表情包”，可推测子游“活化”知识能力不足。

“学而时习之”不是照葫芦画瓢，“活化”知识首先要选择适宜的应用对象，理论不能脱离实际，否则就会闹出笑话。在孔子“使民”思想中，强调对象、时机、场合，“如礼何，如乐何”就是强调教化的针对性。

孔子两个相反的“表情包”，并没有引起子游反思，还当场针锋相对地提出质疑，说明子游思想比较固执，甚至孔子都要“连让三分”。

这则故事告诉我们，在德高望重的人对你谦虚的时候，一定要及时系统地自我审视，纠正自己的态度。

类似的事情，其实在生活中经常上演，只是很少引起我们的注意。比如说，当孩子们任性的时候，爷爷奶奶、外公外婆往往最有耐心，这时候老人家一般比较顺着孩子。他们知道孩子任性的时候脾气大，顺着孩子能让他尽快恢复理性。有些人不懂得这个道理，反而变本加厉地对长辈提出过分要求。长辈对你越客气，往往意味着后果越严重，此时，耐心倾听，认真思考长辈的建议，不仅仅是尊重，还体现出自身的处世水平和智慧。

碍于面子，领导不愿意直接点出你的缺点，往往会变个说法，用表扬的方式提醒你。领导有时候会先做个自我批评，意在鼓励你也能谦虚谨慎，有勇气纠正自己，这个时候一定要有

自知之明。

同学、朋友之间难免也会出现理解偏差。即使看出问题的所在，若对方一时认识不到自己的不足，对问题的理解还不到位，此时不妨先谦虚、耐心等待，不要急于求成，可以先缓一缓，等到出现合适的机会再沟通。

许多时候，对某件事情未必有明确的是非判断标准，甚至是仁者见仁、智者见智的。这不像数学问题那样有极强的逻辑关系，通过一番严密的推导就能得出明确的结论。数学领域内的是非曲直很容易验证，而社会事务的是非很难找到一个对照物来佐证。因此，双方在讨论问题的时候，一方很难说服另一方，如果一定要争出胜负，结果很可能是不欢而散，甚至引发肢体冲突。

这种社会现象在体育竞技比赛中尤其突出。比如NBA勇士队与骑士队总决赛，比赛还没开始，双方球迷的口水战已经开打了。骑士队詹姆斯的球迷不喜欢勇士队，勇士队水花兄弟的球迷也毫不客气地反击骑士队球迷的看法，双方的网络口水战进行得非常激烈。还有不少人挖苦超级巨星杜兰特，认为他加盟勇士队是懦夫的行为，认为勇士队不配拿总冠军。持这些不同观点的人在互联网媒体上数量规模很大，因此双方各不相让。

从个人的角度来看，无论持什么观点，都能在网上找到跟自己的看法一致的队伍，从而理所当然地认为自己的认识是正确的，这种从众心理往往使自己过度地自信。这样的人在现实生活中，当遇到与自己持有不同看法的人时，肯定会发生针锋相对的争吵。比如两个人因为对比赛持不同看法而大打出手。原因是一方说詹姆斯是可以载入历史的超级球星，库里没有资格跟詹姆斯喷垃圾话，另一个人是库里的球迷，听到侮辱库里的话马上回怼说“你算老几，你又有什么资格这样评价库里”。然后双方马上对立起来，一言不合就打起来了。

这类事情看起来有点可笑，却也很常见。当领导与你就一个具体问题看法不一致的时候，你怎么办？当一个同学就一些琐事看法与你不一致的时候怎么办？总不能吵架、打架吧！有的时候，人情绪激动时，对问题的看法一时难以改变，如果不会导致较大的后果或损失，暂停说服对方是理智的，等到对方情绪平缓下来再沟通或许会有更好的效果。

最后，对于无意义的争论，还可能衍生出诸多额外的麻烦，因此，如果某些人确实消除不了自己的偏见，你就不要企图说服他。不要把太多的时间浪费在毫无意义的争论上。

第六节

学有所思，思有所学

子曰："学而不思则罔，思而不学则殆。"

清政府以"忠君""尊孔""尚公""尚武""尚实"为教育宗旨，儒学理论必须符合封建王朝的统治利益。因此，儒学对《论语》的解释也必然存在很大的历史局限性。所以，在学习儒家思想的时候，如果不加思考地遵照"忠君、尊孔、尚公、尚武、尚实"而行，那么可能就真的成为"扶清灭洋"义和团运动的支持者、追随者。

"学而思，思而学"是认识事物的一个辩证过程，感性认识必须上升到理性认识，理性认识才能更好地指导实践。"学而思，思而学"是人类正确认识事物的具体方法，也是人类意识活动发展的过程和客观规律。

学习知识而不能活化知识，照葫芦画瓢则百害无益，不能把知识升华为智慧，所学知识有可能害人害己。比如，战国时期，中了秦国反间计的赵国，用熟读兵书的赵括替代作战经验丰富的廉颇出战。赵括张口爱谈军事，别人往往说不过他，因此他很骄傲，他自认为很会打仗。他死搬兵书上的条文，到长平后完全改变了廉颇的作战方案，结果四十多万赵军被秦军歼灭，赵括在突围时也被秦军射杀而死。

《三国演义》中，诸葛亮派马谡镇守战略要地街亭，并具体指示他“靠山近水安营扎寨，谨慎小心，不得有误”。马谡行军到达街亭后，自作主张将大军部署在远离水源的街亭山上，不听副将的劝阻，固执己见，还洋洋自得地说：“居高临下，势如破竹，置之死地而后生，这是兵家常识。”魏国大将张郃率部到达街亭，看到蜀军未占领大道上的要塞而是驻扎在山上，立即明白了蜀军的意图，下令“绝其汲道”围而不攻，切断蜀军水源。人马所必需的水得不到供给，马谡才意识到自己犯下了致命的错误，但为时已晚。长时间缺水必然扰乱军心，不能久拖。马谡无奈只能下令向山下出击，结果蜀军大败，战略要地街亭失守，蜀军战略由主动进攻被迫转为被动防守。诸葛亮无奈挥泪斩马谡。

赵括、马谡熟读兵书但不能在实战中灵活应变，照抄照搬兵书，结果成为历史的笑柄，故有“纸上谈兵赵括，刚愎自用马谡”之说。

“学而有思，思而有学”，学习知识后能有所思，“亦足以发”出新的见解，有所思才会主动地学，这可以作为培养孩

子学习兴趣的指导原则。

小学的课程与现实生活有较高的关联度，在辅导孩子学习的时候，要善于把课本知识与现实生活联系在一起，鼓励孩子在生活中运用知识。孩子只有在运用所学知识时体悟到快乐，才能逐步唤起孩子学习的主动意识。比如，学习加减运算还是挺枯燥的，当孩子提出买零食的时候，鼓励他自行去买，改变支付方式，给一张10元的整钱，并嘱咐孩子核对找回的零钱是否正确。家长核对好数目后，要及时地给予孩子赞扬和奖励，目的是让孩子体会到学习知识的成就感，激励他主动学习，在日常学习生活中慢慢形成“学而思，思而学”的习惯。

怎么样才能“活化”知识?

“学而思，思而学”，学习经过思考有所领悟，并能在思想上有新的认识，这才有长远意义，这是活化所学知识的前提。教授学生，不能满足于“学会”，更要教学生“会学”，授之以鱼不如授之以渔。

如何培养孩子“学而思”？如何教会孩子“思而学”？解决这个问题的理论依据就是把外在的要求转化成内在的自觉。

什么是人的内在的自觉？人内在自觉的外在表现就是“兴趣、习惯、精神需要、生活方式等”。比如生意与酒，本没有必然联系。做生意、与人打交道有一个过程，随着交往的加深，双方发展成为朋友，聚会时机成熟，吃饭喝酒只是锦上添花。有些人误以为生意是喝酒喝出来的，不喝酒拉不到业务，拉不到业务就赚不到钱，那么要干好业务，就要把喝酒这外在的要求转化成内在的自觉。久而久之喝酒就成为某些人的生活习惯，甚至成为不良嗜好。

这是一个反面的“把外在的要求转化成内在的自觉”的案例，其实道理是一样的。言归正传，在孩子的教育上，《论语》就有几个可行的具体解决方案，如“吾日三省吾身”是修德的方法，“学而时习之”是学习的方法。

学习就是“预习、复习、练习、实习”，比如在每天中午的固定时间预习次日的课程，放学回家及时写作业，写完作业安排时间玩，玩完后复查一次作业，在这个学习过程中养成习惯，孩子自然而然就能自觉地安排好学习生活。

再如让孩子养成写日记的习惯；把做错的题目单独记录到一个小本上，定期强化学习；每周日做个自我小结等。

“学而不思则罔，思而不学则殆”是学习之辩证法，学思结合才能使自己思想上有新认识，这是把所学知识“活化”的基础。古人讲“有教而能自善”，“自善”就是“学而思，思而学”。

第七节

要善于从生活中学习借鉴

子曰："我未见好仁者，恶不仁者。好仁者，无以尚之；恶不仁者，其为仁矣，不使不仁者加乎其身。有能一日用其力于仁矣乎？我未见力不足者。盖有之矣，我未之见也。"

孔子不提倡以仁德为嗜好，其言外之意就是，不赞成把仁德包装成改造人的学问并据此为人师。孔子并不排除存在以喜好仁德为嗜好的人，以厌恶不仁为嗜好的人。以仁德为嗜好的人，时时刻刻，事事追求仁；以厌恶不仁者为嗜好的人，时时刻刻，事事摒弃不仁并力戒不仁，不让它发生在自己身上。两者都走向了不同方向的极端，结果是不食人间烟火。如果这样践行仁德，不到一天，人的精神或许就崩溃了。仁德不能专攻，因此不能以此为人师。

子曰："自行束脩以上，则吾未尝无诲焉。"脩指干肉又叫"脯"，孔子说："只要自愿拿着十余干肉为礼来见我的人，我从来没有不给他教诲的。"

人终究是社会人，必食人间烟火。一个正常的人不会对什么事情都上纲上线。学生与老师有师生情谊，自然有社会交往，如果因此认为有损老师的职业形象，甚至把老师接受学生的礼物认定为受贿，不就是把人之常情上纲上线吗？反之，若学生送来的不是家乡的特产，不是日常生活常见的美食，而是送来一根金条、一个大红包，这显然超越了正常的师生关系，收了就违背老师的职业操守，甚至违法。

怎么样“好仁”“恶不仁”，才能真正提升自己的仁德水平？

“好仁”的正确态度是“见贤思齐焉”，具体的操作是“择其善者而从之”。

“贤”是“学”“立”“不惑”“知”的君子之道的评价体系内很重要的组成部分。君子之道的修行成长，会经历“学”“贤”“立”或“学”“立”“贤”的阶段。贤是君子在现实生活中的体现，是人生境界的一种标志。

生活中有贤能的人到处可见，他们是提高自身修养最现实的学习榜样。“见贤思齐”是说参照好的榜样，对照自己的仁德，指引自己努力赶上。考察贤能的人是怎样为人处世的，依此给自己的思想、行为和生活习惯照照镜子。借鉴别人的长处，修整自己的短处，体悟贤者做人处事的智慧，从而提高自己的贤德。

“见贤思齐”而后“择其善者而从之”最成功的案例应该

是肯德基。肯德基对麦当劳采取跟进策略，在每个麦当劳店铺500米内几乎都有肯德基的存在，两者相互竞争又各有特色，形似而神不同。

“见贤思齐”并不是盲目跟从，而是要让自己变得更有内涵更有特色。如果肯德基完全照搬麦当劳，那么两者之间就是零和竞争，不是你死就是我亡。两者能做到形似而神不同，各有特色，两者之间就是“正和”竞争，带来额外的聚集效应，竞争的双方都能受益，这种商业竞争模式就能兴盛不衰。

为什么说“人比人气死人”

“人比人气死人”就是因为盲目地与人攀比，追求形同而无视别人成功背后所付出的努力。比如父母很穷，孩子自然也会跟着受苦，看到别人家的孩子穿名牌衣服，用名牌手机，开宝马奔驰，有的孩子会觉得自己没法与人比，缺乏自信而自卑。

别人的炫耀并不是“思齐”的内容，如果跟着学别人去炫耀，这不是要气死父母吗？

“恶不仁”就是“见不贤而内自省也”，具体的实践是“择其不善者而改之”，“不使不仁者加乎其身”。

“恶不仁者，不使不仁者加乎其身”，身边发生不好的事情，要引以为戒，提醒自己不能犯类似的错误。这是提升仁德的具体实践，也是修身养性的好方法。

青少年对外面的世界充满好奇，什么事情总想亲身体验，这样很容易犯错误，严重的可能违法。养成“恶不仁者，不使不仁者加乎其身”的生活习惯，有利于身心健康成长，尽快帮助孩子学会处事做人。

“见不贤而内自省”是说坏的榜样对自己有警示作用，从中学会吸取教训，决不允许这样的事情发生在自己身上。

榜样的力量

榜样有非常强的感染力，对人的思想和行为往往能起到潜移默化的影响，无论是提升修养或在孩子教育问题上都要重视榜样的作用。

如食品安全问题。孩子一般喜欢吃零食，而学校周围所售卖的零食质量没有保证，家长都很担心孩子吃到不健康的食品。只有对食品安全有所认识，在买零食的时候才会关注食品质量。让孩子了解与学校周围食品安全有关的新闻，和孩子聊天，问问孩子有没有同学因吃不健康的零食引起拉肚子的事例。让孩子知道吃有质量问题的食品，会导致生病，严重的会影响身体发育和成长。不让这样的事情发生在自己身上，就是“不使不仁者加乎其身”的道理。

看到一个不好的现象，只是反感或提出抗议是不够的，一定要懂得不让类似的事情发生在自己身上。坚持并形成习惯，长大后一定是一个懂得怎么做人的人。

树立典型就是树立榜样。比如儿歌“我在马路边，捡到一分钱，把它交到警察叔叔手里边。叔叔拿着钱，对我把头点，我高兴地说了声叔叔再见。”这首儿歌彰显的就是孩子天真无邪的性情，可以陶冶提升孩子的灵气，而灵气又能很好地塑造孩子的性情，在这条良性循环的道路上走得越顺越久。孩子的心智健康，他在人生的道路上一般也会比别人走运。

失意或因心智不成熟

俗话说“性格决定命运”。有些人遇到挫折或失败往往归咎于自己命运不好，其实人不走运很可能与自己心智不成熟有关。

孟母三迁就是家长重视孩子性情养育的经典故事。孟子很小的时候，父亲就去世了，孟母带着孟子居住在墓地附近。因为周围是墓地，经常有人哭哭叫叫行丧礼，孟子跟着他们走来走去，学着那些人。孟母见了，想：“这个居住的地方不是很理想。”于是，孟母搬到集市边上居住。集市小贩们都想赚钱，拼命吆喝招揽生意，孟子也学着小贩们那样吆喝。孟母见了，又想：“这个居住的地方不好。”孟母又一次搬家了，这次，她搬到了学堂边，因为经常会有文人来学校作揖拜跪，孟子就向孟母提出要上学读书，孟母说：“这才是理想的地方。”

孩子，特别是幼儿时期的孩子，处于灵气与怪邪之气混成的状态，这个时期孩子的灵气最容易激发。教育的本质就是尽最大可能激发孩子的灵气，抑制怪邪之气，使灵气发挥主导作用。

激发孩子灵气最好的办法就是使孩子处于清明灵秀的环境，创造条件，积极主动地唤醒、激发孩子的灵气。只要灵气遏制住怪邪之气，就能辨别是非曲直，就能自我约束，逐步建立起自我完善的成长机制。

如果孟子的母亲忽视孩子性情的养育，放任孟子玩治丧的游戏，那孟子长大后或许就是个平庸之辈。

3岁前的孩子天真无邪，模仿能力强，辨别是非能力弱，因此要通过接近思想纯正无邪的事物，来渲染孩子的灵气，养正孩子的性情。小时候一旦养成不好的习惯，长大后就很难改了。

孟子小时候很贪玩，有一次，他逃学回到家中，孟母生气地说："还没放学，你怎么就回来了？"孟子不敢作声。孟母生气地把织布机上的线剪断了。她说："线断了，布就不能织了。学习也一样，日积月累，积少成多，才能获得成功。"孟子听了母亲的话，从此努力读书。

性情养育得好、心智健康的孩子，更容易接受家长的批评，领悟能力也更强，能从一件事中总结出做人做事的道理。

许多富含人生哲理的名言名句，也非常值得借鉴，比如明

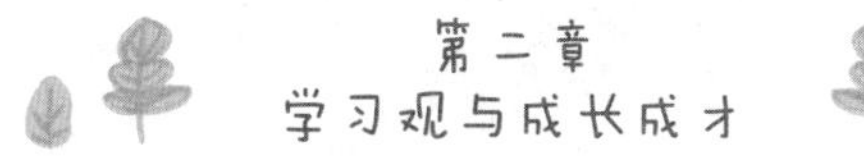

代张岱的诗句“少壮不努力，老大徒伤悲。平日弗用功，自到临期悔”。

小的时候没有下功夫，没有认真付出，长大后生活往往不如意，但后悔、抱怨、懊恼没什么用，只会让自己更郁结；平常不勤学苦练，等机会来的时候，没能力抓住，自然在人生的长跑中慢慢落伍，自会落寞而心生悔意。

这就是对“少壮不努力，老大徒伤悲”未来人生境遇的体验式的描述。先贤的总结，使我们对某些当下生活方式的未来境遇有一个清醒的、具体的认知，以此警示并促使自己及时修正处世态度和方式，立足于当下，重新规划，让自己的未来不再懊恼。

第八节

耐得住寂寞才能进步

子曰："默而识之，学而不厌，诲人不倦，何有于我哉？"

与"学而时习之，不亦说乎"突出"说"相比，"默而识之，学而不厌，诲人不倦"则强调的是当下，强调实践的过程需要耐得住寂寞。默而识之，知识必须通过无数次反复"默而识之"的过程才能掌握。"吾十有五而志于学"表明学无止境，需要长期坚持，如果没有"学而不厌"的坚韧，就很难获得"有朋自远方来"的成绩。"诲人不倦"则直白地告诉我们，无论从事什么工作，长久地反复干一件事情会让人松懈倦怠，因此，只有秉持不倦怠的态度，才能让自己的事业兴盛不衰。

直面当下，做成一件事必须脚踏实地一步一步做起，过程或是无数次的简单重复，甚至是无趣的，因此做事情一定得有耐心，要有足够的忍耐力、承受力。学业有成，需要日积月累循序渐进地学习，一步一步地从小学升到初中、高中，然后考进大学。

如果没有这样的心理准备，即使从事自己热爱的工作，长期反复地做同一件事也会令人心生倦意，结果也会讨厌原本喜爱的工作。因此，再好的天赋，如果没有坚定的信念，没有持之以恒的毅力，终会归于平淡。反之，认定了一件事，对其不厌其烦地反复学习，反复训练，则可能取得出色的成绩。

勤奋才是成功根本

有人认为兴趣比天赋重要，理由是兴趣是因为喜欢才被称为兴趣，所以做起来才快乐。而天赋则不同，就算天才智商超群做什么都很好，但做起来未必快乐。

把快乐做事当作走向成功的重要因素，是不严谨的，甚至是一种误区。

比如有的孩子喜欢舞蹈，家长说，只要你喜欢，跳得快乐，父母就支持你。当开始训练基本功的时候，有很多孩子吃不消，练习基本功时既枯燥又辛苦，哪能从中体会到快乐？但是孩子潜意识地会以快乐与否来评价学舞蹈这件事。这样问题就来了，练基本功的时候，很多孩子会偷懒，敷衍老师，甚至拒绝训练。老师很难做通孩子的思想工作，或因此耽误了那些有舞蹈天赋的孩子。

孩子提出想做某件事的时候，家长或者老师要预先给孩子讲明白一个道理：即使做喜爱的事情，也是要付出汗水的。练好基本功是学好舞蹈的基础，训练的时候会比较枯燥，会辛苦一点，只要孩子能坚持下来，一切就会变得好起来，专业的舞蹈演员就是这样走向成功的。让孩子一开始就懂得坚持的道理，任何成功都不可能是不劳而获的。

吃得苦中苦，方为人上人。在巴西奥运会上，女子100米仰泳半决赛，中国选手傅园慧以58秒95的成绩位列第三，晋级决赛。记者问她："今天的状态有所保留吗？"傅园慧不假思索地答："没有保留，我已经用了洪荒之力了。"

傅园慧所说的"用了洪荒之力"绝对是肺腑之言，我们只是看到了她成功时光鲜的一面，其实荣誉背后更多的是汗水。

傅园慧从小喜欢游泳，拥有游泳天赋，但是这不足以使她取得骄人的成绩。2015年8月她先是腰部受伤，恢复的同时，兼顾训练。随后，傅园慧几次生病，身体虚弱，一训练，淋巴就会发炎。休息了三个月，然后跟着澳大利亚的教练，从早到晚一直在练习，她都硬撑下来。傅园慧到了巴西以后，腰动不了了，检查结果是腰椎间盘突出；肩膀也不好，手都抬不起来。运动员的成绩都是无数次重复训练得来的，付出了无数的心血和汗水甚至泪水。傅园慧忍住疼痛，持之以恒地进行无数次的极限体能训练，几乎把身体的所有细胞都调动起来，其毅力不是一般人所具有的。

把感兴趣的事情做好当然很可贵，但是不是做事情一定要有兴趣？这个未必。

在电影《百鸟朝凤》中，焦三爷收徒确实有严格的要求，不收没有天赋的孩子。游天鸣的爸爸认为学唢呐有出息，就带儿子拜唢呐名师焦三爷为师，根本没有考虑孩子的感受。

焦师傅收徒严格，表面严厉却又有菩萨心肠。游天鸣肺活量太小，但这孩子孝顺、善良，正是这点打动了焦三爷，他破例收下了游天鸣。游天鸣肺活量差，所以要他多练吸水基本功。水没吸上来就回，会被师父责骂。就算打雷下雨他也在河边勤练不止。坚韧顽强，他的这股笨劲、倔强劲弥补了天赋的不足。

在茂密的树林中，师徒三人用自己演奏的音乐吸引真正的鸟儿来应和，听声辨鸟现场教学。在这次树林教学中，师父带着蓝玉去找寻那只隐藏在树林深处的小鸟，那是天鸣在里面练习。

游天鸣的成功靠的不是天赋、兴趣，而是因孝顺、善良，靠一股笨劲、倔强劲及持之以恒的毅力，周而复始地学习、训练而取得的。

女儿刚读一年级的时候，有个背诵作业，简短的五六句话半个小时都没有背下来，女儿很着急，甚至怀疑自己没有背诵能力。我告诉女儿，连续快速地读十遍试试。她照着做了，结果一下子就背下来了。女儿觉得很奇妙，开心得不得了。我告诉她不是你记忆力不好，而是方法不对。学习首先得找到适合自己的学习方法。

我们上学所学的课程都是认识世界所必须掌握的基础知识，不是以学生的喜好而设置的。即使不喜欢某门课程也必须掌握这些知识，因为外面的世界永远不会迎合你的喜好。只有我们掌握了事物发展的规律，才能正确地认识它、改造它，更好地与它相处。

做好任何事情，都得沉下心来，永不倦怠，持之以恒。所以，“默而识之”是一个看似笨拙但实际很有效的学习方法。

第九节

豁然开朗是思考力的飞跃

子曰："不愤不启，不悱不发。举一隅不以三隅反，则不复也。"

在比赛的时候，赢的那一刻，我们会表现得很兴奋。而且这种胜利的快乐会伴随我们很久，时隔多年回忆起来还历历在目。在学习知识的时候，面对一个困难的问题，我们经过艰难地思考，反复地求证而得以解答时，我们同样也会体会到愉悦和兴奋，以后再遇到类似的问题，解题思路很快就会在脑海里呈现出来。

大脑对问题有充分反复的思考，在脑海里留下印迹，才能一劳永逸地掌握知识及解决问题的思路和方法。

这是掌握知识、让知识升华为智慧的内在逻辑。

围绕这个逻辑，可以从三个方面提高我们的学习效率。

首先要注重积累。没有人是生而知之的，生活的经验要从生活中、从父母那里学习积累。读书就是把别人所积累的知识快速地加以掌握。如果没有知识积累的过程，思考问题、解决问题的思路就无从展开，就很难正确地认识世界，甚至出现完全错误的认知，后果可想而知。

在电影《上帝也疯狂》里，非洲6岁的小男孩奇尔成功摆脱鬣狗的故事令人印象深刻。奇尔之所以能成功逃脱，依靠两个关键的判断。第一，奇尔看到鬣狗新鲜的脚印，用沙尘判断出自己处于下风向，据此得知鬣狗一定在暗处盯上自己了。得知自己可能会成为鬣狗的食物，他果断决定快速向有利位置撤离。第二，鬣狗在后面紧追奇尔，此时他并没有恐慌，而是非常理智。奔跑的过程中，他想起父亲的一句话“只要你个头比它大，它就会离开”，奇尔找到一块树皮，放在头顶上，鬣狗一时不知所措。奇尔并没有与鬣狗周旋，而是选择尽快撤离。

试想，如果没有平常生活经验的积累，奇尔就不能判断出自己所处风向，无从得知自己处于被鬣狗盯住极度危险的处境。逃跑的过程中，如果没有父亲的话在脑海里及时出现，奇尔就不能为自己争取到生存的机会。

因此，日常生活中对知识的积累非常重要，这是能对问题有深入思考的基础和前提。

其次，养成独立思考的习惯。俗话说：“读书百遍其义自见。”“读十遍不如写一遍。”内容在脑海里反复出现，大脑不断循环阅读和思考，其中的道理自然就悟出来了。如果没有一个深入思考的过程，而是在别人的帮助下，把问题快速地解决了，以后遇到类似问题还是无所适从。

经常思考的人，其思维敏捷性也会提高。对一个问题，刚开始会感觉很难，不知道从何处下手。但是问题一旦解决了，回头再看，就会觉得很简单。困难与容易之间就如同隔了一张纸，思考的能力稍稍有进步，这层纸就能轻易地捅破，这就是思考本身的经验和规律。常思考的人会从中体验到别人无从感受的快乐，这就是思考本身独特的魅力。如果没有养成独立思考的习惯，遇到问题和难处就向父母或同学寻求帮助，那么你

的思考力就很难从根本上有所提升。

最后，要重视老师的作用。俗语讲："师傅领进门，修行在个人。"老师就是引路人，是能够帮助你打开思维天窗的人。"学而时习之"，学习思考是一个不断验证、纠偏的过程。在这个过程中如果没有老师的指引，我们可能会走错方向，在错误的道路上不断验证正确，根本上还是错误的。在武侠小说里，经常会出现走火入魔的人。这些人好不容易得到一门武林绝学，就开始自己研究自己验证，往往是以己为师，过度自信，导致在错误的道路上越走越远。

老师懂得因材施教，在朝夕相处的过程中，对学生的思维特点比较了解。比如老师要求学生，在做练习题的时候，不要提前看答案，全部做完后再核对。那么学生在平常做作业的时候，就应该养成这样的习惯。实际上这就是"不愤不启，不悱不发"的道理。

中国有句谚语叫"吃一堑长一智"，意思是说受到一次挫折，便得到一次教训，增长一分才智。通过具体的事情，让人有新的认识，有所感悟，在思想上能有所收获，这对一个人的成长具有深远的意义。

这点家长应该给予充分的重视，至少应该认真地思考，在日常生活教育中，对于孩子所做的事情应该怎么处理，才能让孩子在思想上有所收获。

第十节

勇毅笃行方能成功

子曰：“譬如为山，未成一篑，止，吾止也；譬如平地，虽覆一篑，进，吾往也。”

这是孔子用堆土可以成山的事例来类比，做一件事时，成败取决于毅力。意在强调人的主观能动性对事物发展的决定性作用。

《颜氏家训》云：“天下事以难而废者十之一，以惰而废者十之九。” 意思是只要肯下决心去做，任何困难都能克服，做事的时候只要你不懒惰、肯坚持就没有绝对的困难，慢慢钻研肯定会成功。俗语所说的“世上无难事只怕有心人”，就是这个意思。

一旦选择做某件事后就应当为此周而复始地付出，比如学舞蹈练基本功就得靠毅力长期坚持，稍稍松懈则基本功练不扎实，就会限制你的上升空间。

要做成一件事一定得靠毅力，永不停歇，周而复始地坚持是取得成功的必要条件。但是，我们也要看到另一面，并不是

说做任何事情，靠坚持一定就能成功，而必须以尊重事物的发展规律为前提，要侧重于天赋，重视方法在提高效率上的突出作用。比如说跳高、跳远这样的竞技项目，一个人的弹跳能力主要由先天性的身体结构决定。如果身体根本不具备这方面的潜能，要想通过后天的训练在比赛中拿到冠军就是不可能实现的梦想。

在学习方面，每个人都有擅长的科目，也有相对劣势的科目。那么在不擅长的科目上不要过度追求优异成绩，只要合理安排时间让弱势科目保持在一定的水平即可。如此一来整体成绩还是很高的。如果非要用大量的时间补短板，想把短板拉得与优势科目一样长，有可能短板没拉长，优势科目成绩也降下来了，那就得不偿失了。

要善于抓住事物发展的根本规律，习惯从整体上考虑问题，重视方法的关键作用，然后持之以恒地下功夫。

比如说“默而识之”是学习的方法，但是这个方法并不适合于数学的学习。学习数学不能死记硬背，一定要理解，搞清楚逻辑关系。通过训练检验自己的理解程度，以巩固所学的知识点。只是强调毅力，不强调方法，不尊重数学的学习规律，死记硬背是不能把数学学好的。

民间故事“愚公移山”，历史上修筑长城，开挖大运河，这些靠的是重复性的劳动，靠量变积累到一定程度达到质变，只要激发出人的毅力，持之以恒地坚持，发挥人的主观能动性，就能创造人间奇迹。但是靠愚公移山的精神和方法是不能让卫星升空的，是造不出芯片的。

高端科技和复杂事物发展有其自身的规律，比如科技与人的智力发展水平有关，但未必是决定性的因素。不能以日本科技发达而得出日本人就比中国人聪明的结论。科技水平往往与经济活动高度关联，只要经济活跃度高，科技发展速度就快。尤其是生产效率，无法实现跨越式发展，要从实际生产过程中一步一步优化提升。随着中国生产工艺水平的不断提高，经济持续活跃，科研投入不断提升，市场需求不断扩大，中国芯片的研发能力一定能随之不断提高。再如中国造航母，也是一步一步地摸索前进的，因为航母具有与其他船舶系统不同的系统，不能一下子就跨越到核航母时代。只有完全掌握了航母自身的发展特点，我们才能造好航母，用好航母，进而确保国防安全。

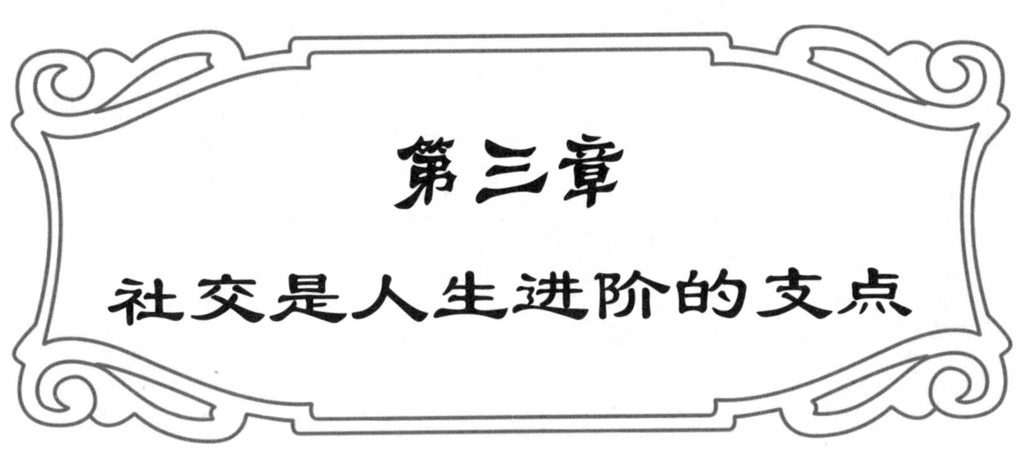

第三章

社交是人生进阶的支点

第一节

知言知人是高效社交的前提

子曰："巧言令色，鲜矣仁。"

一般情况下，语言和表情是用于表达内心想法的，但是人可以讲出违心的话，做出与真实想法不一致的表情。语言、表情和思想存在千丝万缕的联系，但是怎么解读却是高深的学问。

曾子说："胁肩谄笑，病于夏畦。"意思是耸起两个肩头，做出一副讨好人的笑脸，这真比顶着夏天的毒日头在菜地里干活还要令人难受啊！

又如朱熹注曰："好其言，善其色，致饰于外，务以悦人。则人欲肆而本心之德亡矣。圣人词不迫切，专言鲜，则绝无可知，学者所当深戒也。"意思是用好听的语言，谄媚的表情，在外表上装饰自己，做这些就是为了取悦别人；取悦别人基本上是为了获取私利，那么这样的人肯定是私欲放纵而内心的仁德就没有了。

曾子认为"胁肩谄笑"是违心的肢体语言。朱熹进一步总结为“好其言，善其色，致饰于外，务以悦人”这类语言和表情往往与内心不符。

孔子曰：“君子有九思，今举四端，以其为言与色，可为取法者。”曰：“色思温，貌思恭，言思忠，事思敬。”《雪公讲要》指出：“此四端皆言色之诚中形外，于人信而不欺。仁者人也，故不害仁，自无巧言令色之弊。”

孔子认为仁者一般说话、表情和内心想法是一致的，言和色发自内心因而表现于外，言、色、心、行一致，则仁者很容易被别人了解，进而获得别人的信任，这样君子的思想才能快速广泛地传播。真正的君子社交一定是高效的，若人人为君子，则社会交往的成本将大大降低。

儒家注重人的实际行动，倡导说到做到，先做后说，特别强调人应当言行一致，力戒空谈浮言，只说不做，心口不一。儒家历来主张崇尚诚信和质朴精神，倡导人们的行为要遵从社会良俗，讲话要诚实，讲究外在和内心的一致，如此人与人之间才能相互信任，社会才能实现长治久安。这种诚信和质朴的思想长期影响着中国人，成为中华传统思想文化中的精华内容。

既然言、色、心、行一致的君子社交是高效的，为什么还有人“巧言令色”呢？

巧言令色者肯定是想让对方接受“伪装”的自己，以谋求私利。有的人把自己伪装成君子，通过修饰自己的言和行，让人产生错误的认知，这是一种比较常见的社会现象。但是，伪装者并不一定非要把自己伪装成君子，对此我们要有清醒的认识。

“务以悦人”，专注而表演式地取悦对方，“好其言，善其色”，投其所好地使对方心情愉悦，放松警惕，从而成功地引导、控制对方的情绪，以达到自己的目的。当下“务以悦人”已经成为谋生的方式，甚至成为一种职业。他并没有强调自己是君子，纯粹是通过“取悦”的方式取信于你。

如果说巧言令色者“鲜矣仁”，那么被巧言令色说服的人同样“鲜矣仁”。

这里的“仁”不仅指人品，不是说被巧言令色说服的人人品就不好，生活中往往厚道的人更容易上当受骗。“仁为君之本”，“鲜矣仁”是指欠缺君子之德、君子之智的人，这些人也容易被“巧言令色”所蒙蔽。

这个问题本质上属于孔子所讲的“知言、知人”的范畴。如果没有足够的智慧，只是通过察言观色来正确地认识一个人是不可能的，从根本上说只有具备君子“知言、知人”的智慧，才能防止自己成为“巧言令色”者，杜绝成为“巧言令色”的俘虏，真正成为社会交往的理性人，成为高效社交者。

不可否认，现实生活往往是非理性的，因此语言技巧很有用，取悦于人容易获取短期利益。反过来，这又鼓励人致力于钻研说话的技巧，研究取悦于人的肢体语言和表情。所以，很多人掉进了这样一个陷阱，而忽视对内在修养的追求。这样的人或许能一时得势，但是投机取巧带来的好处往往会沉淀成日后的交往成本。生活中要小聪明的人是不讨人喜欢的，长远来看会提高自己未来的社交成本，最终是得不偿失的。

但是，现在的社会是一个高度开放的互联网社交社会，生活离不开善意的“巧言令色”，甚至没有“巧言令色”，生活就缺少了情趣，尤其是表现在沟通能力、协调能力上，更离不开高超的语言技巧。比如“好其言，善其色，致饰于外，务以悦人”在保险行业、营销行业就有很强的实战作用。

互联网社交讲究高效率，这与传统社会交往有本质的区别，加上现在生活节奏非常快，人际关系的持续性、长久性已经没有以前那么重要了。人们迫切需要在短时间内达成共识，短期需求成为当下社会交往的主流形式。因此，从交往的效率上看，最好的方法就是“好其言，善其色，致饰于外”，这已经是互联网社交必须具备的能力。比如“亲”一般用于有血缘关系、婚姻或情侣关系的人之间，表示关系亲密。现在这个字已经演变成网络语言，对陌生人也用“亲”，旨在拉近对话双方的距离。类似的“巧言令色”几乎不涉及人品问题，纯粹是为社交而“务以悦人”。

第二节

“视、观、察”是认识事物的普遍方法

子曰：“视其所以，观其所由，察其所安。人焉廋哉？人焉廋哉？”

如果说“巧言令色”及“色思温，貌思恭，言思忠，事思敬”是通过直觉“察言观色”来了解一个人的性情，那么“视其所以，观其所由，察其所安”就上升到了理性的高度，进行系统性考察。

“巧言令色”更像是初次面试，那么“视其所以，观其所由，察其所安”就是考察期的一个考核过程。

“视其所以”，是看他正在做什么事情以及他在整个过程中的具体的行为表现。没有调查就没有发言权。“视其所以”就是对事实及行为的调查，这一阶段不要轻易做主观评价，一定要有充分的事实基础。“视其所以”实质上就是对事实数据和心理活动数据的采集。

“观其所由”，是看他行为的动机。通过对事实数据和心理活动数据进行比对，得出一个初步的理性判断结论。这里必须强调一点，即使事实数据与做事过程中的心理活动数据吻合，这个结果也并不一定与人做事前的初始动机一致。人的动机是多变的，正确地判断人的行为动机是很困难的。因此，不要轻易否定一个人，但也不能轻易肯定一个人。正确了解一个人，需要一个多方面、多渠道信息相互佐证的过程。

“察其所安”，就是考察这个人长期表现出来的性情，比如日常生活中的品行、口碑，查证以往这个人的品性、口碑等辅助综合判断。比如一个人违法了，公安局会记录下来，再犯就罪加一等；还有社会征信系统，违约行为被纳入个人的诚信系统，影响其择业、信用消费等。不良的记录将来还会影响你担任政府重要岗位，比如不能参军、不能报考公务员等。一个人的长期表现，可以帮助我们判断这个人做事的动机。许多公司在进行重要岗位的招聘时，非常重视应聘者在上一家公司的工作表现。如果在上一家公司有不良记录，对于应聘同样的岗位会非常不利。在重要职位的应聘上，信用和职业道德素质具有很高的社会价值。

一个人的“所以、所由”最终表现为这个人的“所安”；一个人的“所安”反过来又会影响甚至左右这个人的“所以”和“所由”。

“察言观色”“视其所以，观其所由，察其所安”是一个“知言、知人”逐步加深的过程。

正确地了解一个人是很难的

为什么孔子那么看重对人的考察？因为正确地了解一个人是非常难的，不能通过简单的善或恶来判断。

如果说人有贪、嗔、痴、疑、慢的本性，那么人的社会属性应该是仁、义、礼、智、信。人性首先表现为贪、嗔、痴、疑、慢，为不仁为小人，理性的社会人表现为仁、义、礼、智、信，为仁为君子。修行君子之道，就是克服人性的弱点，成为一个合格的社会人，这应该是孔子《论语》的核心宗旨。

“视、观、察”是认识事物的根本方法。相面先生就是通过观察人的五官、气色、肌肤纹理来判断一个人当下的状况。与此类似，要成功地买卖股票，首先要成为好的“相股者”。通过“视、观、察”股票的走势，了解市场当下的贪、嗔、痴、疑、慢，以便更好地捕捉交易机会。一只股票的走势是所有交易者心理活动及其行为构成的走势。从均线图来看，一只连续上涨或连续下跌的股票，K线远离5周线，就会产生反向回拉。背离越严重，回拉的力度越大。这是典型的贪、嗔、痴、疑、慢的反应。从中枢的角度来看，横向平台走势构造越简单，其后上涨或下跌的力度往往越大，构造越复杂，即使突破，后续也会反复。从人的贪、嗔、痴、疑、慢的心理来说，空、多双方实力相差悬殊，来回搞两个回合局势就明朗，走势结构就简单，后面的上升或下跌的力度肯定越大；反之，如果空、多双方实力相当，打几个回合难分胜负就容易转入区间走势类型的阵地战，平台构造就会复杂，即使后面的走势摆脱平台，那另一方仍可能发起反攻，或可能构筑更高级别的平台。

市场中的人本身贪、嗔、痴、疑、慢的表现很典型。比如从日K线来看，一个围绕 5 周线的背离会拉得很快，当一般交易者开始反应的时候，已经回拉结束了。市场这种本能性的反应一般会超过大多数交易者的心理反应，这就是市场的魔力。在顶、底部的时候，交易者出于贪婪或恐惧会在很短时间内产生共识性的交易，这往往会导致顶部或底部出现极端走势，这种情况一般意味着转折点来临。但是市场中的人在过度贪婪或恐惧时，转折点来临反而会延迟，即随后会走出一个“W”形。出现此种情况一般意味着长期处于顶部或底部，随后出现的单边走势往往很凌厉。

要正确地认识了解一个人，要用“视、观、察”的方法，从多个角度考察。认识其他事物也是同样的道理，不能简单地认定为好或坏。要准确地了解事物，就要先从中找出几个相对独立的可分析元素，如股票的周 K线、日 K线、30分钟 K线的均线系统，中枢平台构造，MACD背驰力度，成交量分布线等，搞清楚几个元素相互联系的内在逻辑，通过对这几个相对独立元素的“视、观、察”系统分析，一般就能把握事物未来的发展趋势。

第三节

言行一致是交往的黄金法则

子贡问君子。子曰:“先行其言而后从之。”

孔子说:“君子居其室,出其言善,则千里之外应之,况其迩者乎?居其室,出其言不善,则千里之外违之,况其迩者乎?言出乎身,加乎民;行发乎迩,见乎远。言行,君子之枢机,枢机之发,荣辱之主也。言行,君子之所以动天地也,可不慎乎?”这段话是孔子对君子言、行影响力的分析,君子言、行是枢机之发,枢机一动立即引发连锁反应,影响社会大众行为,因而不得不慎重。

君子无论是言还是行,都能对他人产生很大的影响,因而纠结二者的先后的意义不大。善的言行有正面的推动作用,追随者从中也能受益,因而更相信君子,从而加速君子之德的传播,君子的声誉得到更广的彰显。若言行属“不善”的情况,那么追随者随时会受到伤害或损失,他们就会抱怨君子,从而对君子的信誉也会产生不良的影响,甚至造成终止君子之道传播的严重后果。可见孔子提倡君子慎言慎行，主要原因是对言行“善与不善”难以准确评估。

因此君子言行之前，要做一个“善与不善”的考察。怎么考察？孔子说“先行其言而后从之”，意思是说君子在言行前，先做个实践，对于要说的话，通过行动检验其是否正确；对于要做的事，通过亲力亲为检验其是否适宜。

比如中国改革开放初期设立经济特区，就是对改革开放政策的一次小范围内的验证。把成功的经验形成制度、法律向全国推广，以点带面有序推进。既能保证政策的正确性，还能保证改革措施的有效性，如此才能提高人民群众对改革开放政策的信心，促使人民进一步解放思想，激发人民群众的创业热情，全面促进经济发展。

再如当下互联网自媒体大V，一旦传播失实信息，可能会给社会大众带来诸多困扰，甚至引发不良的社会后果。对于网络信息，在浏览和传播时，一定要核实确认信息的真实性，提高法律意识，不信谣不传谣，这是一个人对自己负责的处世态度。

在实际生活中，每个人说的话、做的事，对自己、对别人都会产生影响。每个人都有自己的生活圈，从生活圈的角度分析，人人是君子。其说的话、做的事，自然对生活圈内的人产生“善或不善”的影响，同时也会给自己带来“善或不善”的评价。这种影响在效果上是叠加的，且具有不可逆性，自己说

的话、做的事，就让自己在朋友圈有了定位。

要在朋友圈内有个好的口碑，最好的办法就是坚守“言行一致”的做人原则。言行一致其实就是言和行的相互检验，无论是先说后做，还是先做后说，言行保持一致，可以提高自己的信用。这是社会交往的黄金法则，也是君子修行的最好实践。

第四节

“悦”能力是人际关系的黏合剂

子曰：“君子易事而难说也。说之不以道，不说也；及其使人也，器之。小人难事而易说也。说之虽不以道，说也；及其使人也，求备焉。”

孔子说：“为君子办事很容易，但很难取悦他。不按正道去讨他的喜欢，他是不会喜欢的。但是，当他用人的时候，总是量才而用人。为小人办事很难，但要取悦他则是很容易的。不按正道去讨他的喜欢，也会得到他的喜欢。但等到他用人的时候，却求全责备。”

孔子所说的这种情形在生活中常常会遇到，这是个别现象，还是具有普遍性的现象？值得认真思考。

首先，“悦”很重要，要具备“悦”能力。认为对方是君子就“悦”之以道，判断对方属于小人则可以投其所好。“拍马屁”是人际交往中提高亲密度不可忽视的环节，“取悦于人”不要与“结果”联系在一起，可把它当作增进了解的必要环节。“取悦于人”只要不与“器之”和“求备”联系在一起就不会出现“巧言令色”的情况。孔子反对的是有功利性、无原则的“取悦于人”。我们要树立正确的“悦”理念，培养“悦”能力。

因为人是社会人，必然要与人建立联系，“悦”能力在很大程度上决定联系的效率和牢固程度。“悦”能力不足，人际关系就会很松散，社交效率自然就很低，长此以往就成了社会边缘人。“悦”能力越强则朋友圈质量越好，朋友都愿意出手相助，有什么好事都能想到你，发展的机会肯定比别人多。优质的“悦”能力能把一个人推向正向循环的发展轨道。

其次，用人要量才而用，不要求全责备。待人接物要包容，学习别人的优点，发挥别人的长处。任何人都有缺点，没有缺点的人不存在，因而永远不要指望对方变得十全十美。如果对方的缺点超出了你能接受的范围，甚至无可“器之”，那么另择贤能是最好的处理方式，“无友不如己者”就是这个意思。

再次，正确对待“悦”者。一方面要具备“悦”能力，另一方面还要学会甄别“悦”态度。对有目的性的“悦”者要果断拒绝，对“巧言令色”者要疏远，否则，你就会被别有用心者利用。没有定力，做了官也会腐败，结果就是坐牢。

第五节

社会交往的分类

子曰："唯女子与小人为难养也，近之则不孙，远之则怨。"

此处对"女子"的诠释争议很大，至今没有定论，而把"女子"整体等同于小人，显然与历史及现实不符。

无论把"女"理解为通"汝"，把"与"解释为"亲或从"，"社会交往"最终都是指向"比"的结果。"君子之交淡如水，小人之交甘若醴。"（出自《庄子·山木》）君子之交，源于互相宽怀的理解，相互成全，而不互相苛求；相互勉励，而不相互嫉妒。

从君子与小人的分类来看，社会交往可分为四种情况：

第一种是君子与君子的交往。

君子尚精神交流，谋大局做大事，能相互包容，能相互成全，不相互苛求，"君子之交淡如水"，交往省心，成本也低，很容易做到"正和"，使双方都获益。

第二种是君子与小人的交往。

君子处事有原则，秉持“和而不同”“周而不比”“近之、远之”有度。君子与小人在现实生活中步调差异比较大，想法、做事难以同步。君子的包容往往是有限度的，而小人的苛求有时是无度的。交往时这个矛盾处理不好，好事反而办成坏事。

有媒体报道，一位深圳交警暴雨中风驰电掣送高考生赶赴考场，并提供雨衣给考生，可考生的衣服还是不可避免地湿了，被家长投诉，有消息说相关部门在彻查此事，准备辞退该交警。

此事引起社会的广泛关注。深圳交警铁骑充分发挥摩托车机动性能强的特点，将很多打不到车、身份证忘在家里、走错考场的考生安全、迅速地送到了指定地点。虽然他们在暴雨中淋成了落汤鸡，却毫无怨言。然而，却有交警被考生家长投诉了。

可以说，高考的顺利进行，不可能少得了全国无数警察、交警在场外的守护，每一个考生、市民都在享受着这种福利。这种福利一是来自制度优越性提供的额外好处，二是来自交警个人的自觉，两者的完美结合，才有中国特色的为高考保驾护航的独特风景。

年年如此，形成惯例，却被某些人误解为理所应当享受的服务，不知道感恩反而要求更苛刻。这就是小人的通病，对他太好他反而觉得你是应该这么做的，偶尔不做或做得不好，他反倒怨恨你。

在家庭生活中也常发生类似的事情，比如家长一般把盛好的饭放在饭桌上，孩子放学回来直接坐上桌拿起筷子吃。如果家长偶尔忘记，孩子一时会不适应，甚至会抱怨。因为家长的习惯性付出，使孩子觉得“饭来张口，衣来伸手”是理所当然的。当满足不了他时，他反而会抱怨。因此，家长应当极力避免习惯性或有规律的付出，比如，周末让孩子给家长盛饭。家长平时不给孩子感恩的机会，长大后他怎么懂得感恩？

做事“近之、远之”要有度，即使做善事也不可以自以为是。比如有新闻报道湛江一富豪捐2亿元建258套别墅赠乡亲的事情，最终房子却送不出去。原因肯定有多种，结果却是把好事办成了闹心事。

做事情不能一厢情愿，要事先做好沟通，双方都认可的实施方案，要一起参与一起推进。否则，步调不一致、想法不一致就容易出问题。

第三种是小人与小人的交往。

“小人之交甘若醴”，有朋友自远方来，是因眼前利益相聚。“小人比而不周”，即使他们共同经营一个事业，目的也是各取所需。有很多合伙公司一旦盈利就很快因内讧死掉了，合伙人只看重自身利益而不看长远利益。“朋友就是用来利用的”“老乡见老乡，背后是一枪”，损人利己是永远做不到“正和”的。只有进入“正和”游戏的模式，相处才能更持久。

“众必有所比”，许多人聚集在一起，就必然存在攀比。

人相互亲近，相互联系，一开始未必有明确的指向，完全是出于安全的心理需要。此时交往的趋利指向可以是模糊的、含糊的。随着联系的深入，趋利指向会越来越明确，此时，联系就会上升为交往。

达不到君子水平的交流，容易产生纠纷、矛盾。怎么解决这个问题？只能利用契约把交流达成的共识以书面的形式规定下来供双方遵守，保护参与者的合规利益，保证交往能正常持续进行下去。从这个意义上讲，契约精神就是君子精神，生活中运用好契约可以减少很多不必要的麻烦，这是当下青少年交往必须掌握的技巧。

第四种是与真小人的交往。

孔子所讲“小人”是针对“君子”而言的，是指普通人，他们是可共事之人。真小人则是指品行不端的人，他们是不可共事之人。君子交往有原则，因而真小人难进君子的“朋友圈”。而一般人因比而比，生活中避免不了与真小人交往。真小人不遵守契约，想方设法地算计人，甚至把法律视为儿戏，交往到这样的人就危险了。

有的人自认是君子，把自己看得很高，行君子之事时，往往“近之、远之”失当，结果招惹来真小人。真小人对其纠缠不休，变本加厉地伤害。最后官司缠身的有之，倾家荡产的有之，惹来杀身之祸的有之。

古人云："命犹道也。"何谓道？一阴一阳谓之道，人的选择岂不是一阴一阳的一念之差而已？交往其实就是对当下的选择。有选择、有行动就会左右命运走向。君子助你，真小人会伤害你，这样的故事，生活中太多了。

因此，识别、判断的能力甚至比学习成绩都重要。再好的学习成绩，再好的本事，一旦选择错了，这种能力反而可能会加倍地伤害自己，命运不就发生改变了吗？命运没有那么神秘，细细想来，命运其实就是自己选择的叠加效应。

人要有高质量的生活，必须永不停歇地行君子之道。自身做到"不惑"，做到"知言、知人"，做到"周而不比""和而不同"，自然就能远离真小人，真小人也就伤害不到你。生活的烦恼多是因自己而起，因此，提高自己的修行，是提高生活质量的根本出路。

第六节

适应“软规则”比遵守“强规则”还重要

子曰：“君子无所争。必也射乎！揖让而升，下而饮。其争也君子。”

“君子周而不比”，“不比”就是“无所争”，“周”就是“有所争”。老子说，“夫唯不争，故天下莫能与之争”。《雍正王朝》邬思道对雍正讲“争是不争，不争是争”。

周全是最大的比，不争是最大的争。君子无争是个伪命题。“君子无所争，其争也君子”其实就是“君子争，应当以君子的方式进行”。

“射者，仁之道也。射求正诸己，己正而后发，发而不中则不怨胜己者，反求诸己而已矣。”（《礼记·射义》）孔子用射艺比赛的具体过程，类比君子该怎么争的道理。

古时候射箭比赛有严格的标准要求，有很强的仪式感。就像今日斯诺克比赛，大型排名赛参赛选手标准的着装是衬衫、马甲、领结、西裤、皮鞋，每场比赛开始前必须跟对手和裁判握手，当对手打出147时要向对手表示祝贺，一般的方式是握手；决胜局开局前双方选手要互相握手；一场比赛结束后双方要互相握手。

斯诺克比赛主要表现的还是参赛选手精湛的球技，但是也烘托出这个比赛不同于其他体育竞赛的贵族气质，某种程度上，也是在看参赛选手谁更有君子风度。

赛前选手握手就是“揖让而升”，赛后双方互相握手就是“下而饮”，对手表现好要向对手表示祝贺，就是“不怨胜己者，反求诸己”。

君子坚持“周而不比”的原则，在结果上持“君子求诸己”的态度，在争的过程中守规则。

无论是在家庭、学校还是社会，交往都有各自的规则，规则是交往的底线，君子不但不能坏规矩，违反社会公约，而且不能要聪明打擦边球，钻规则的漏洞。

中国1990年开始设立股票交易市场，至今还不足30年。美国资本市场已经发展了300多年，经历1929年的大危机，美国资本市场更趋完善成熟。现在中国上市公司治理水平有所提高，但是，相当一部分公司治理“形似而神非”的问题依然突出，股权层级复杂，决策链条长，内幕交易、利益输送、抽逃资本事件时常发生。个别上市公司股东钻法律的空子恶意圈钱、套现，完全违背企业上市的初衷，严重危害资本市场健康。

无论是孔子时代的射箭，还是现代的斯诺克比赛，二者共同的特点是有明显的“强规则”约束游戏玩家。违背规则，玩家就会被踢出局。

但是，家庭、学校及社会道德公约，包括一些经济活动规则，与竞技比赛的“强规则”相比显得非常“软”。在软规则约束下，人们的行为习惯往往会很松懈，无意中会放宽对自己的要求。

在软规则下，有些人为了自身的利益，不顾礼仪，不守道德，甚至违反规矩钻制度的漏洞，“吃相”非常难看，损害社会公正。

强规则下，君子常有；软约束力下，难出君子。有些人在不同的规则里表现反差很大，这种社会现象也很常见。

“揖让而升，下而饮”规则保证了“射求正诸己”，从这个角度就有了另外一种解释的合理性：争无所谓君子还是小人，只有强规则才能保证有君子之争。

在家庭、学校这些软约束环境里，同样存在这种现象。比如家庭暴力，理论上每个家庭成员都可以很任性，都有能力让对方很不舒服，因为在家庭环境中没有强制规则明确限制家庭成员的行为及其界限。

亲情定义相处的舒适度

家庭关系是靠亲情来实现自我调节、自我约束的。如果某个家庭成员不能自我约束，突破亲情相处舒适度的界限，让其他家庭成员很难接受，那么他的行为就需要制定一种规则来约束。

比如孩子顽劣时，家长生气说要打死他，孩子反过来较劲，冲着家长大声吼“你有本事就打死我啊”。你不让我舒服，我就让你更不舒服，没有“强规则”的裁判尺度，这种针锋相对是争不出胜负的，最后家长也很无奈。

家庭关系的处理，只能靠自觉，除非你不想要这个家了。家长首先要以身作则，潜移默化地教会孩子与人相处的经验和技巧。一个健康的家庭，当家庭成员之间正常的舒适度遭到破坏时，所有成员都能立刻唤醒自我调节机制，然后通过自我调节实现舒适度的再平衡。

家庭关系相处的成功经验，在工作中也很有实用价值。比如，当你发现领导言行和情绪有些异常的时候，第一时间马上做自我反省，好好审查最近在工作上、处事上有哪些不足和疏漏，然后，及时主动纠正，并向领导做出解释。否则，等矛盾激化到一定程度，领导批评你的时候，平常和领导存在的“生态平衡”就很难维持了。

《雍正王朝》里老四和老十三被派往河南治理河患，四爷的孩子病得厉害。老八、老九他们都知道到府上去看望一下，会说四哥不在家，嫂子有事只管吩咐弟弟们。可太子只管自己吃喝玩乐，一次也没有去过。皇上问太子，老四家孩子生病的情况，实际上是责备太子没有尽兄弟情谊，做事不周，有失太子的风度。如果太子能当面向皇上检讨自己的过失，皇上定当另眼看待太子。而之后，太子每次做错事，不但听不懂皇上的点拨，还为自己狡辩、推脱，最终落得被罢黜的下场。

学校和老师管束学生同样缺乏强规则。学生调皮捣蛋，上学迟到早退，又不违法，学校也不能因此开除学生。有些学生自以为旷课很了不起，觉得家长管不了自己，很酷，其实，这是害自己。因为他迟早会离开软约束、舒适的生活环境，到有强制约束力的社会，那时就任性不起来了。到了工作单位，违反单位制度，轻的罚钱重的开除；参军到了部队，当逃兵要面临军事法庭的审判；不守规则，缺乏信用，就没办法拥有正常的社会关系，寸步难行。

第七节

成为仁者才能正确对待他人

子曰："唯仁者能好人，能恶人。"

有子曰："其为人也孝弟，而好犯上者，鲜矣；不好犯上，而好作乱者，未之有也。君子务本，本立而道生。孝弟也者，其为仁之本与！"这句话的大致结论是：孝悌之人一般不会作恶犯上。由于孝悌为仁之本，因此顺理成章推出"苟志于仁矣，无恶也"的结论。"吾欲仁，斯仁至矣"，由此得知，人人可以为君子，只要想做君子就能做到，君子并不是一个可望而不可即的虚无的概念。一时一念一行为君子容易，问题是能否做到常日常年为君子。

欲仁和仁者在君子修为上是两个完全不同的境界。

"君子务本，本立而道生"，仁之本立，仁之体成者为仁者。仁者不需要"吾欲仁"这个前提。仁者能常年常月地彰显仁，能在日常生活中本能地体现仁。

"能好人，能恶人"的前提是能正确地视人、知人。如果错误地把一个好人当作恶人对待，自己岂不是“不能好人，不能恶人”？岂不是不仁？

只有自己成为仁者，才能正确地对待他人。如果自己还不是一个仁者，视人、知人的智慧还不够，那么就不要轻易地去评价一个人，免得冤枉了好人，善待了坏人。

媒体曾报道了一起摔狗事件。这只狗狗是赵先生和同事一起领养的流浪狗，给它取名“萌萌”。

赵先生说，萌萌摔下楼的时间是18点23分。而一楼大堂的监控视频比正常时间晚了13分钟左右，在监控显示的18点10分，也就是准确时间的18点23分，萌萌与三楼的租户欧先生先后出现在大堂，随后又先后上了楼。没过多久，萌萌就被摔下了楼。赵先生等人表示，三楼的租户欧先生有很大的嫌疑。

事情曝光后，有人将欧先生的个人信息，包括姓名、电话、家庭住址、车牌号以及工作单位，都给“人肉”搜索出来了，还发到了网上。欧先生说，从事发至今，有很多“爱狗人士”给他打了电话，有辱骂他的，也有说要给他送花圈的。这给他的生活造成了非常大的影响。

公安机关调查后，未能证实欧先生就是摔狗者。赵先生和欧先生之间的矛盾因此进一步升级，最后在街道办的调解下，双方达成谅解，才恢复正常的生活。

当初，如果赵先生把所了解的情况，以线索的形式提供给公安机关，由公安机关调查核实，或许能避免诸多纠纷发生。

同学之间也会发生类似的事情。比如甲同学认为乙同学对自己不好，一旦甲同学遇到麻烦，往往会先怀疑乙同学背后做了对自己不利的事情，在没有证据的情况下直接指控别人，不但解决不了事情，反而会使事情的性质发生变化，进而激化矛盾，一件小事可能变成一件难以收拾的大事。

“吾欲仁，斯仁至矣”推出“吾欲恶，斯恶至矣”；“苟志于仁矣，无恶也”，反之“苟志于恶矣，无善也”。做好人还是坏人往往就在于一念之差。因此，做人要有精神追求，致力于仁，这是守护善念的最好保障，不然，容易走向极端，害人害己。

据媒体报道，某小区发生了一起因为观棋多语引发的血案。两人因下棋拌嘴了，一名老人观棋时被惹怒，竟用铁锤杀人，太愚蠢冲动了。有句老话叫“观棋不语真君子。”这句话说的是人的一种境界，看人家下棋，别乱说话，否则容易引发矛盾。

平常善念在心的人，一时还会冲动，何况疏于“仁”呢？

人永远不是以个体而存在

孝悌是一切情感认知的基础，孝悌之情圆满的人，一般不会做坏事。如果真的心疼自己的父母，那么面临生活挫折的时候就不会想到轻生。有些年轻人，遇到挫折，心里难受，认为自己是天下最不幸的人，哪里知道永远有人会比你还在乎你。

倘若轻生一走了之，留下父母终日以泪洗面，这样的伤心才是天底下最大的悲痛。稍稍对父母有怜悯之情的人都不忍心把悲伤当作礼物送给父母。

“吾欲仁，斯仁至矣”，当我们生活不如意的时候，恰恰是要感恩的时候。仁心能让我们学会生活，懂得生活，帮助我们“能好人，能恶人”，心中燃起仁者之光，生活充满正能量，人就能走运，命运之神迟早会眷顾你。

当遇到挫折的时候，自己不反省过错，完全无视曾经帮助过你的人，反而怨天尤人，把失败的原因和责任归咎于他人，一旦陷入“苟志于恶矣，无善也”的怪圈，人就容易仇视社会，报复社会，害人害己。

人与动物根本的区别在于人是社会人，永远不是以个体而孤立存在的，一个人的生和死伴随着别人的生和死，一个人的荣和辱伴随着别人的荣和辱。这个道理在罪犯身上表现得非常典型。

网上曾流传一个死刑犯执行死刑前见家属的视频。看到视频里孩子“爸爸”“爸爸”地叫着依依不舍的一幕，无数人落泪。即使社会上所有人都痛恨罪犯，即使他被执行枪决了，但是在孩子心里爸爸永远都是爸爸，并不会因罪犯身体的消失而结束。不会的，至少在孩子心里永远不会忘记自己的爸爸。相信如果那个爸爸早知道这个道理，他绝对不会给自己的女儿留下无法消除的伤痕。

因此，人没有理由不好好地活着，没有理由不“志于仁”。

第八节

仁有层次，也有多面性

子曰：“人之过也，各于其党。观过，斯知仁矣。”

分析一只股票可不可以操作，要从多个方面综合分析。

首先看大盘处于上涨趋势、下降趋势还是横向盘整，看大环境就是要乘势而为。个人能力再大在市场里也是渺小的，个人永远改变不了趋势，但是趋势可以帮你成功，聪明的人总是顺势而为。

其次看这只股票处于上涨、下跌还是盘整，根据成交量结合均线系统判断买卖位置。如果大盘处于上涨趋势，而这只股票也处于上升通道，买点买入赚钱的概率就大。

最后看这只股票处于什么行业，资本总是喜欢往热门新兴行业流动，预期是资本流动的风向标。即使处在同一行业，在细分领域也有很大差别。在牛市操作偏向激进，往往忽视上市公司的股息，不看重公司的盈利能力，而喜欢追逐预期，常出现高市盈率、高成交量。在熊市操作往往趋向保守，资本更看重上市公司的财务状况和股息，成交量会明显萎缩。

通过以上分析，我们大致可以判断这只股票属于什么行业，处于什么趋势，短期可不可以买卖，长期持有能不能带来超额回报等。

同样的道理，对一个人通过“视、观、察”的考察，大致了解这个人是有仁德的人还是不仁之人，是可共事之人还是不可交之人。

子曰：“可与共学，未可与适道；可与适道，未可与立；可与立，未可与权。”孔子说：“可以一起学习的人，未必可以一起学道；可以一起学道的人，未必可以一起坚守道；可以一起坚守道的人，未必可以一起通权达变。”

因此，对于有仁德的人，还需要进一步增进了解。看其是否可共学，可否与之适道，可否与之立，可否与之权。

“人之过也，各于其党。观过，斯知仁矣。”在共事的过程中，通过“视、观、察”考察所犯的过错，了解此人所属仁德的层次和类型。据此而知此人具体属于共学之人、共事之人、共道之人、共业之人还是共权之人。如“可大受之君子”，有望成为企业未来的领导者。

要更准确地了解仁，就需要从多个角度分析。

习近平在《小事小节是一面镜子》一文中指出：“小事小节中有党性、有原则、有人格。”

这句话对我们处事做人有很强的警示意义，也给我们提供了一个从“党性、原则、人格”多角度考察人之仁的思路。

孔子所讲的“各与其党”之“党”具体指什么？具体可以是“党性、原则、人格”。

首先，“人之过也，各与其党”，“党”规定“过”的界限和性质，“过”反映和体现“党”。“党性、原则、人格”的高低决定小事和小节的性质，格局高的人，一般不会犯原则性错误。其次，小事小节是一面镜子，于细微处见精神见品德，小事小节的处理方式和态度往往能反映出这个人的“党性、原则、人格”。因此，通过正确地处理小事小节能够提高人的修养，进而使自己少犯错误。

对于小事小节，既不能犯教条主义的错误，一棒子把人打死，也不能轻视、忽视。何谓小事小节？触犯“党性、原则”看似小事，其实是大事。做人要有觉悟，警示自己及时修正。而在日常生活中，就要保持灵活的处世态度，不要拘于小事小节，事事认真严肃。

人生的转折点往往就在一念之差

首先，要正确地认识小事小节，不能事事干涉，不轻易扰乱孩子的日常生活，不要过于担心孩子养不成好的思想品格，而失去耐心。

孩子天性单纯，思想无邪，对外面的世界充满好奇，犯点错是正常的，犯错才能真正成长。不能事事上纲上线，要注重把握教育的时机。否则，不抓关键点，犯点错就乱批评，效果往往适得其反。

其次，不是原则性的错误，尽量采取提醒的态度。犯了原则性错误，及时严肃纠正，并给孩子解释的机会。给孩子一个独立思考的时间和空间，等事后情绪平稳，再进行充分的沟通，引导孩子正确认识所犯错误，观察孩子是否从内心完全接受了家长的批评。如果在思想认识上真正有所收获，那么所犯的错反而可以促进孩子健康成长，丰富其生活阅历，坏事就能变成好事。

在电影《百鸟朝凤》中，自从焦三爷收下蓝玉为徒，就刻意冷落了游天鸣。焦三爷让游天鸣练基本功，甚至下地干活，带师弟蓝玉去经历大场面。受到师傅这样的冷落所带来的心理落差，一般的孩子都承受不住。游天鸣不辞而别的回家行为，与其说是心里难过，还不如说是逃避现实。当他回到家偷听到父亲对他的期许，不忍心辜负父亲对自己的期望，又回去了。当然在这个节点，焦三爷对游天鸣的教育方式也很关键。焦三爷知道游天鸣一定会回来，给他准备了饭菜。这让游天鸣心里受到很大的鼓舞：知道焦三爷并没有瞧不起自己。之后，他更加认真地练习。师傅从刻意冷落到父亲般慈祥的转变，不仅让游天鸣非常感动，还彻底打开了他的心结，明白了师傅的一片苦心。

老师对孩子的期待与肯定，父亲对孩子的鼓励和赞美，对生活细节的处理态度和方式对孩子的成长非常重要。一念之差或许就是人生的一个转折点。

焦三爷决定把百鸟朝凤的绝技传授给游天鸣的时候，蓝玉也很难接受。蓝玉自觉天资聪颖，技艺比游天鸣强，为什么师傅不把绝技传授给自己？蓝玉心里不服。但是蓝玉在离开师傅家时还是给师傅行了磕头礼。经过一晚的思考，他或许明白了自己做人做事不如师哥执着，只有一颗执着坚定的心，才能把唢呐事业传承下去。他没有责怪师傅，当晚就释怀了，很快走出了困境，去做自己该做的事情。

这点对现在的孩子很有借鉴意义。面对挫折和失意，先从自身找原因，不要怨天尤人，敢于接受现实。路就在脚下，必须继续前行，这才是对待人生的正确态度。关于游天鸣和蓝玉遭受挫折的几个镜头，我女儿看得很认真，还抹了眼泪。我想这部电影对孩子的最大意义就在于触动了她的心思，教育她正确地面对学习生活中的棘手问题，这就值了。

第四章

财富与学识

第一节

立业终要靠学识

子曰："君子食无求饱，居无求安，敏于事而慎于言，就有道而正焉，可谓好学也已。"

君子不迷恋财富，够用就行，对财富的态度非常坦然。君子即使富甲一方，也不会停止对君子之道的修行。

关于衣食住行，《论语》还有这两句话：

第一句，子曰："饭疏食，饮水，曲肱而枕之，乐亦在其中矣。不义而富且贵，于我如浮云。"孔子说："吃粗粮，喝白水，弯着胳膊当枕头，乐趣也就在这中间了。用不正当的手段得来的富贵，对于我来讲就像是天上的浮云一样。"

第二句，子曰："衣敝缊袍，与衣狐貉（hé）者立，而不耻者，其由也与！'不忮不求，何用不臧（zāng）？'"子路终身诵之。子曰："是道也，何足以臧？"

孔子说："穿着破旧的丝棉袍子，与穿着狐貉皮袍的人站在一起而不认为是可耻的，大概只有仲由吧。'不嫉妒，不贪求，为什么说不好呢？'子路听后，反复背诵这句话。孔子又说："只做到这样，怎么能说够好了呢？”

这两句话恰好相反，是说在物质条件极度贫乏的情况下，毅然并快乐地修行君子之道。贫穷并不可耻，不上进、不守正道谋求财富的行为才是可耻的。“不义而富且贵”和“不忮不求”，从侧面说明孔子是鼓励人通过正道改变贫穷的现状。“三十而立”，实现工作与学识之立，是学习君子之道成果的重要标志。修行君子之道，通过君子正道，迟早能改变贫穷的现状。这是在“饭疏食，饮水”的困境之下能“曲肱而枕”，“衣敝缊袍，与衣狐貉者立”而能“不忮不求”的自信来源。孔子反对享乐，也不赞成安于贫穷。

守业靠德行

对于已经拥有丰富物质生活的人，不能沉溺于对物质的享乐，更需要崇尚“食无求饱，居无求安”“敏于事而慎于言”，循正道而行，永不停歇地修行君子之道。“三十而立”，君子的修行虽然取得了阶段性成绩，但是不能就此停滞不前，还要向“四十不惑”努力，甚至向“知言、知人”的更高层次迈进，君子修行永无止境。

富足的人为什么要崇尚“食无求饱，居无求安”？为什么还要继续修行君子之道？

孔子说“不仁者不可以长处乐”，意思就是说君子德行不够的人不能守住财富，这就是富贵的人要继续学习“正道”的必然原因。俗语说“创业容易守业难”，守业要靠德行。

这是“饭疏食，饮水”穷困之下而能“曲肱而枕”，“衣敝缊袍，与衣狐貉者立”而能“不忮不求”的自信来源。

孔子不是不提倡追求物质生活，恰恰相反，衣食住行是人类的基本需求，也是生活主要意义所在。“三十而立”的“立”既包括学识也包含物质，离开物质的学识及没有学识的物质均不符合孔子“立”之道。

当下的孩子们，处于最好的年代，不但物质生活极为丰富，娱乐生活也多种多样，某种程度上跨过了孔子所说的“三十而立”的物质之立。但是我们不要忘记“不仁者不可以长处乐”，如果不重视自己德行的修养，那么父辈留下的财富最终是守不住的。

第二节

争义不争气

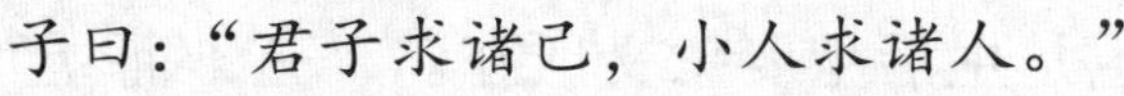

子曰："君子求诸己，小人求诸人。"

人生不如意之事十之八九，与人发生不愉快的事，肯定有自己的原因在里面。除了不愿意正视自己的问题外，许多人通常意识不到自己哪里出错了。有些麻烦事并不一定是明显的过错造成的，有时候并无恶意的处事方式或言语也会招来误解。

出现误会或矛盾首先要从自己身上找原因，如果意识不到自己的不足，一味地责怪别人，矛盾自然会被激化，伤到别人更会伤到自己。

2015年初，车某开了一家配资公司，邀请朋友张某在其公司开户炒股。张某向车某私人账户汇款100万元，车某给张某一个HOMS用户名和密码。双方都是山东人，属于老乡关系，又是交往十多年的朋友，出于信任没有签订任何合同。2016年5月，张某盈利两百多万，张某通知车某终止配资炒股行为，要求车某还款。车某先支付张某200万元，还剩余117万元。其后因为

HOMS被查，车某公司出现巨额亏损。2016年底双方还剩下12万元没结清。2018年因资金周转需要，张某向车某借款100万元，月息2万元。两个月后，张某还车某借款时扣除了12万元。3个月后，车某到法院起诉张某，要求归还12万元。当时张某很生气，但是律师认为这是两码事，而且前面发生的事情没有书面证据，举证难。之后张某决定把12万元先转回给车某。事后张某反思：前面的账目没有彻底结清，从生意上说这是两笔生意。他既然决心起诉我，肯定是我在某些方面处理得不妥当，前面交易没有书面证据，而后面有借款合同，打官司自己输的概率大，与其如此斗气不如不斗。

两笔买卖尽量不要搅在一起，特别是资金交易往来一定要有文书和证据。“君子而不仁者有矣夫”，君子都靠不住，朋友更靠不住，见利忘义是人之常情。不能等吃亏了才醒悟，只有通过合同、契约等进行事先的约定才能保证“君子之交”。

生活中完全由自己决定的事情并不多

生活中发生的或即将发生的，与自己有关的事情，绝大多数都不是自己所能决定的。现实生活中真正能自己决定的事情很少。不要为没有价值的事情浪费太多精力。面对问题，要问我能做什么、能做成什么。比如上文中提到的张某，虽然很生气，等到官司输了岂不是更生气？干脆早早决定不打这个官司，这就是明智的抉择。

我们决定不了刮风下雨，但可以根据天气预报做好准备，从而避免被风吹雨淋；水手不能控制海上风景，但可以控制自己，通过学习驾驶的经验和技巧，根据潮流与天气情况，保证自己出海航行的安全；我们驾车行驶在马路上，不能左右别人的行车路线，但完全可以控制自己的行车安全空间，从而做到百分百地安全行车。这就是生活的真理和处世学问。能明白这个道理，用到股市投资上一样会有所受益。

股市有涨有跌，其走势不会因个人偏好而改变，对于投资股票，无论你怎么想，自己能做的只有买和卖，涨和跌真的与自己无关。

盈利和亏损是买卖的结果，是必须接受和承受的结果。盈利或亏损不是自己能决定的事情，我们能决定的只是买或卖。

股市投资看似非常复杂，但整个投资过程，能做的事情只有买和卖，没有第三个选择，其他的都是被动地承受。

正是因为买卖后盈亏才是最重要的事情，因此人们往往只会关注结果。买多者买后上涨才能盈利，卖空者买后下跌才能赚钱。几乎所有交易者都把注意力聚焦在盈利和亏损上，过度在意投资结果反而忽略了买卖。有些人坚持不盈利不买卖，就此陷入无休止的低效率交易。

上涨趋势里买到高点后面可能是较长时间的盘整，这是很多人买到牛股却没赚到钱的原因。同样在下跌趋势里，一只股票短期内的连续下挫后都会有阶段性的修复过程，如能买在底部反弹卖出一样可以获利。

趋势方向的判断决定买卖盈利的效率，因此拥有趋势判断的能力是成功投资者的必备素质。买卖的节奏决定盈利或亏损。

买和卖是投资者在资本市场唯一能决定的事情，买卖的节奏决定投资的成败。控制节奏才是股市投资的唯一真理。股票本身没有好坏，没有牛熊之分，对投资者最重要的事情是在趋势里控制好买卖节奏。

趋势有长周期与短周期之分，比如大宗商品的周期有五到十年的轮回，但随着互联网的发展，经济活跃度的提升，经济现象的更迭与周期的轮回都比以前缩短了。

股市有牛熊更迭，且有牛短熊长的特点，一般在牛市操作成功的概率要比熊市高很多，因此在熊市里节奏的控制显得更重要。对一般投资者而言，低买高卖是唯一真理，所以追逐这样的交易机会比关注消息要重要得多。

节奏的控制实际上是一个等待交易机会出现的过程，符合自己级别的低买高卖的交易机会就如猎人等到了猎物出现一样，这样股票的投资交易就变得简单而且盈利更可靠。一年之中能抓住一两次较大级别的交易机会就够了，打一只兔子与打一头野猪是不一样的。

第三节

格局决定视野

子曰：“君子坦荡荡，小人长戚戚。”

程子曰：“君子循理，故常舒泰；小人役于物，故多忧戚。”（出自《论语集注》）君子按照天地的规律要求自己，所以舒适安宁。小人则被外物所奴役，求名逐利，常常忧虑算计。

君子常修自身，行事能够按照客观规律约束要求自己，能长久地做到“合宜”；而小人疏于修己，常向外求名逐利，斤斤计较，患得患失，以满足自己的私欲。

君子按照“君子之道”不断提高自己，以企求达天人合一之境界，那么君子和小人的差距不断拉大，“共同语言”越来越少。所谓“以小人之心度君子之腹”，说的就是这种差距。

为什么君子追求天人合一的境界？古人认为天、地、人是构成天道的三种元素。“三才者，天地人。”（出自《三字经》）三才之间是和谐共处、相互依赖和制约的关系，因而人应该有能力和责任自立于天地之间。

如果把人当作舞者，那么天和地就是舞者展示自己的舞台。出色的舞者会根据舞台背景元素的变化而自觉做出调整，以达到舞台、音乐、舞者的完美结合。

有个朋友给我讲了这样一个故事。张总是一家电子公司的老板，公司的主要产品是电路板。一次，张总和多年未见的老同学李总聚会，得知李总现在主要精力放在电路的节能方向研究上。微软要把服务器放在海底以降温节能，李总现在研究的就是这个方向。不要小看这个项目，降低百分之十的能量就能节省上亿度电，能造福全人类。

格局不同，做人做事的出发点不同，看问题的角度也不同。张总经营一家公司，关注的是公司未来的发展，考虑的问题是怎样提高公司的盈利能力，而李总不关注具体电路板的性能设计，而是从节能角度出发研究新概念电路设计，如果成功就可以取代传统的高耗能的电路设计，能为人类节约很多能源，进而改善人类居住环境。如果没有造福人类的胸怀，纠缠于短期利益，就不可能沉下心来从事基础科技领域的研究。

虽然基础研究周期长，成果转化慢，甚至要付出毕生的精力，但是人类的真正进步就是由这些人推动的，他们所创造的社会价值无法用金钱衡量。

据新闻媒体报道，阿里巴巴达摩院量子实验室研发出当前世界最强的量子电路模拟器“太章”。量子电路模拟器存在的意义在于帮助理解、设计量子计算机硬件，探索量子算法和应用。“太章”的另一大亮点是通信开销极小，从而可以基于阿里巴巴集团计算平台在线集群的超强计算力，完成目前世界上最强的超级计算机都无法完成的模拟。

阿里巴巴达摩院将引领中国科技进步，无疑这个名字将会是中国先进科技的代名词。马云布局基础科技研究有非常深远的意义，势必对中国科技进步产生积极影响，推动中国企业加大科研投入。

第四节

利益优先是人之常情，没有绝对的公正

子曰："放于利而行，多怨。"

比"放于利而行，多怨"更值得深思的是怎么行而不怨，事物之间原本是怎么行的。

地球由于万有引力的作用而围绕太阳运行。太阳每天从东方升起，从西方落下，看似地球与太阳之间没有任何变化。但是由于地球公转等因素的影响，不同日期内地球运动的轨迹是有变化的。但对于太阳来说，这种影响极其微小。

地球每次绕太阳运动的轨迹并不是完全重合的，而是不同的。这种变化对太阳和地球所产生的影响也并不一样，对地球的影响会更大一些。如此看来，天体之间运行时彼此产生的影响也不尽相同，因而也是有"怨"的。

事物之间相互联系，有"怨"是绝对的，"无怨"是相对的。

人们因各取所需而聚集在一起，聚会成众，必有所攀比，无论是满足于精神需求还是物质需求，人与人之间的关系是依利而行的。

利也有两层含义，一是指利益，另外一层意思是“利者，义之和也”（出自《易传·乾文言》），利是合宜的意思。“君子周而不比”，比就是依利而行，就是人之间的相互攀比，相互亲近。而周全实质上就是“合宜”之比。万有引力之比最合宜，最大公无私，也最公平，合宜就是最大的利，因此地球有怨也无怨。

“放于利”是对“利”的一种管理，是放纵或是放弃。如果放纵利益地去攀比、亲密，而不考虑周全，那么人聚集成众就会失去秩序，发生矛盾甚至出现混乱。如果放弃利益而行，聚集而来的人得不到满足，得不到应该得到的东西也会心生不满。

我们可以把利益分类为核心利益、重大利益和一般利益。所谓“吃亏是福”，就是不要计较一般利益的得失。

所谓“利益”实质上就是财、位。财大致分为身外之物和养身之源。财为身外之物时可弃，散财可以聚人，亦为养命。

财为养身之源时就是核心利益，不但不能丢弃还要努力争取。对一般人来讲，工资就是养命之源，作为老板不要克扣工人工资，作为职工，也不要过于纠结工资之外的福利和得失。

关注自身利益的同时，也要尊重别人的利益，不要觊觎他人的核心利益，不要侵犯别人的重大利益，否则，一定会发生冲突甚至争斗。只有让别人受益，他才会与你同行。依利而行，行要合宜，否则定会生怨。

守位曰仁，聚人曰财

富甲一方或位高权重的人周边总是聚集很多人，“位”与聚人是高度联系的。有仁之人“有朋自远方来”“三十而立”，仁厚聚人而聚财，仁与财是分不开的。

聚人而聚财，在社交媒体上，粉丝越多自然商机也多，网红靠聚人赚钱。人依利而行，用财足以聚人。

从广义上讲，“理财”本质上是对“聚人”的管理。

如果要讲理财教育，首先得讲“聚人”能力的培养。把压岁钱给孩子管理还不能说是理财教育，这点一定要清楚。

现实生活中，理财就是与钱打交道，包含两方面的意思，一是聚财，怎么赚钱；二是用财，怎么花钱。这是最基本的意思，要给孩子们讲清楚“聚和用”的含义。

要聚财首先要能聚人，怎么聚人？“十有五而志于学”“学而时习之”“有朋自远方来”，学有所成方能聚集志同道合的朋友。身边有一帮志同道合的朋友不成事不聚财都难。

狭义上的理财，尤其是学生时期，理财教育的重点是懂得怎么用钱。学会怎么花钱，在钱的用途上做出合理的安排。

懂得吃亏是福

“放于利而行，多怨。”这提醒我们，在教育孩子的时候，不能对孩子过于放纵。放纵就是溺爱，溺爱使孝悌之情无法圆满。孝悌是情感认知的基础，父母溺爱孩子，但社会不会溺爱，孩子一旦进入社会必然出现社交障碍。

生活中当孩子特别喜爱某样东西的时候，适当地给他增加一些难度，有意识地对孩子进行“挫折”教育。比如一个十岁左右的孩子非常喜欢吃鸡腿，这个时候妈妈尝试提出由自己来吃鸡腿，甚至不事先和孩子打招呼就拿走鸡腿。这个时候看孩子的表情，如果孩子表现出不开心来，说明孩子的分享意识还不够。不能吃亏是心智情感认知不足，家长应该充分重视。即使孩子表现出不开心来，家长也不能随意说孩子或批评孩子。孩子既然心智发展没有达到与妈妈分享自己最爱的程度，就不能急功近利，需要日后慢慢引导。

据新闻报道，四川遂宁男孩郭心桓（化名）在回家的 16路公交车上，用脚踢了 21岁的同车男青年郭某（两人素不相识）的手背三下。郭某暴起，一把提起他，将他由半空摔在地板上，又用脚狠狠地踩了他的头三下。4月 28日警方对打人男子依法做出治安拘留 15日，并处罚款的处罚决定。

很多群众纷纷表示“你不教育孩子总会有人帮你教；你不

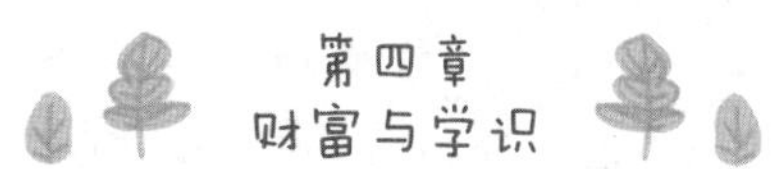

管孩子总会有人帮你管”。7岁男孩和这个21岁男子的行为是典型的社会交往情感障碍的表现。被溺爱的孩子是受不了一点委屈的，吃点亏就要死要活地纠缠不休，一定要别人还回来。

懂得吃亏是福，是高情商的体现。这种人更懂得包容，拥有更好的人际关系，事业往往更顺利。

第五节

学以致立，立以致学

子曰：“回也其庶乎，屡空。赐不受命而货殖焉，亿则屡中。”

孔子说：“颜回啊，学问德行差不多了吧，可是常常穷得没有办法。端木赐的学问德行不高，他不安本分，去囤积投机，猜测行情，竟每每猜对了。”

孔子一句“回也其庶乎，屡空。赐不受命而货殖焉，亿则屡中”引千古争议，有褒奖颜回的，有贬低子贡的，甚至指责质疑孔子者也有之。

从君子修为的整体框架思考这个问题，或许有另一种新思路。

君子修为是一个系统工程，“三十而立”的“立”包括学识与物质。离开物质只谈学识、脱离学识只谈物质均不符合孔子“立”之道。“质胜文则野，文胜质则史，文质彬彬，然后君子”，“一箪食，一瓢饮，在陋巷”不符合文质彬彬，没有物质只讲学问怎么能把“君子之道”提升至新的高度？孔子一向反对形而上学，赞美乐道，但不主张乐贫。

学、行君子之道，进步至“立”的阶段，是提升君子修为的必经过程。孔子赞美颜回不是因为其乐于贫，而是赞美其贫而好学的精神。孔子认为颜回学识进步很大，已经达到贤的程度，下一步应该侧重于物质之立；而子贡物质立有余，但“以货殖为心”表明子贡疏于学识的积累。

修习君子之道就是要有真实的阶段性成绩，而不是乌托邦式的精神麻痹。君子修为的成果首先要通过“精神与物质的双立”来考核来确认。

既懂又会才是全面的人才

颜回“文”（知识）立有余而“质”（物质）立不足，应该侧重立“质”，只有做到文质彬彬，才能更好地向君子之道之“不惑”方向努力。而对子贡“质”（物质）立有余而疏于立“文”（知识）则提出批评。孔子清楚“不仁者不可以长处乐”，子贡如果不能在君子修为上尽快向“不惑”努力，没有“知言、知人”的高级别的人生智慧，迟早会出现“不可以长处乐”的人生悲剧。

用现代的话来说，颜回更注重于理论学习，而子贡侧重实践。从现代社会来看，实践更富有社会意义，实践是检验真理的标准。如果所学的知识不能在当下的社会发展中找到立足之地，那么这样的知识就不符合时代发展的要求，就应当尽快做

出调整。

习近平讲过“懂团结是真聪明，会团结是真本领”，这句话看似朴素无华，却饱含深刻的生存哲理。

懂和会是两个层面，性质不同的能力，也将出现两种不同的结果。

颜回具有较高的理论水平，而实践能力不足，所以“一箪食，一瓢饮，在陋巷”。子贡理论水平虽然不及颜回，但其具备很强的实践能力，能做到懂而会，因此成为孔子学生中成就最大的学生。

在团队组织中，懂而不会产生的是争论、争执甚至争吵，会而不懂必然效率低甚至引发经营风险。

第六节

财富、学识与人格

子曰：“衣敝缊袍，与衣狐貉者立，而不耻者，其由也与！‘不忮不求，何用不臧？’”子路终身诵之。子曰：“是道也，何足以臧？”

如何应对人生中的逆境？在逆境中应保持怎样的心态？人不可能总是在顺境中，这是每个人都需要认真思考的问题。

比如出身于贫穷之家，或者说因家境变故而陷入穷困，自己如何与人相处？如何参与社会生活？怎么理解贫穷？贫穷与人格到底有没有关系？

我们之前讲过“学而时习之”而“有朋自远方来”是“立精神、立物质”的前提。同时，按照君子修为的逻辑，只要“学而时习之”达到“有朋自远方来”的程度，掌握了符合时代发展需要的知识和技能，必然能在社会上找到立足之地。这种因果关系在逻辑上是严密的，是必然的。这就是走出贫穷、走出逆境的“门户”，是改变命运的指南，是应对逆境的向导。

由此不难理解，父母贫穷不是导致子女也贫穷的终极原因。

贫穷与人格也没有任何关系。处境完全由自己决定，什么样的态度决定什么样的人生。

因为贫穷与人格无关，因此子路衣敝缊袍与衣狐貉者立非常淡然，没有因贫穷而觉得自卑。对他人不嫉妒，对欲望、名誉、地位不贪求，是高尚的人格，也是对未来的最大自信。

子路为什么有这么大的勇气？底气来自哪里？其底气和勇气来自对“君子之道”的坚贞不渝的信仰。他相信学识能改变命运，相信只要按照孔子的教导，一步一个脚印地修行，总有一天他能够拥有同样的社会地位，甚至更高。

子路敢于直面当下的贫穷，敢于大声地呼出“我出身穷困之家，我穿着不够光鲜，但我不会羡慕任何人，不会嫉妒任何人，我要走我自己的路”。“饭疏食，饮水，曲肱而枕之，乐亦在其中矣。不义而富且贵，于我如浮云。”这就是子路面对穷困和逆境的生活态度。你富裕与我无关，我穷困与你无关，不会因此而改变做人的正确态度，不会因穷困而想着投机取巧。

子路没有因穷困而有丝毫的自卑感。这就是我们面对穷困所应该拥有的正确处世态度。

越是困顿的时候，心志越要明了

读大四那年，有个同学从家里带来的钱只够交学费，交完学费就没生活费了。当时这个同学自嘲地说：“还是读经济学专业的，这点事情都解决不了。”我们几个也跟着笑起来，随后却打开了我们的思路。我们六个人挤出来 800元，从批发市场买来一批学生用的锁。第二天正好有新生入学，我们制订了一个营销方案，每个人负责一栋楼，看到家长送学生，就上去帮助家长背起行李送进宿舍，然后客气地说：“为了安全，书桌、衣柜必备一把锁，两把锁五元，比外面卖的还便宜，我们是在做社会实践服务。”一般情况下家长还没等我们说完就付钱了。当天上午从 9点开始不到 11点就卖完了，总共赚了差不多一千元。我们在学校食堂每人吃了一碗羊肉烩面，剩余的钱给那个同学用作这个学期的伙食费。

从新闻报道来看，马加爵也是一个很孝顺的孩子，确实为了改变穷困的处境而一步一个脚印地付出，如果没有杀人，我们看到的将是一个很励志的故事。

矛盾升级的导火索是“其实我们原来也经常玩牌的，其实无须掩饰，我智商真的比较高，所以打牌经常赢，几个同学都怀疑我作弊”。

市井里因打麻将发生冲突的事件很多，因下棋、看棋发生口角导致命案的事也出现过。如果下棋的初衷是娱乐，打麻将是为了打发时间，是朋友聚会沟通感情，那么就不能太在乎输赢。朋友之间打牌输赢都放不下的人，心胸是狭窄的。

心胸狭窄的人不但成不了大事，就是正常的人际关系也很难维系。如果心里有对朋友不满甚至怨恨的时候，应当及时地反思，要问自己是不是对朋友不够宽容，要尽快调整好自己的心态。

马加爵完全可以不打牌，既然与同学朋友打牌经常赢，那么就应该适当地回馈一些给同学，比如买些零食之类的与同学分享，而不是炫耀自己智商比同学高。同学、朋友相处最忌讳耍聪明，适当吃点亏反而会更好。

他还很好面子。“于是为了和同学打好关系，我也学会了玩电脑游戏，玩游戏比他们更厉害，我以后更热衷于玩电脑了，我还用自己打工的钱以及借了部分钱，买了台旧电脑。我很大方，我的电脑同学们随时都可以玩。”

既然家境很穷，辛苦挣的钱完全可以用在学习上，或支付生活费用以减轻父母的负担。如果在意父母的辛劳，就不应该勉强自己买电脑，何况买电脑的理由是为了和同学拉近关系。如果同学开奔驰、开宝马那你怎么办？从这点来看，他不具备仁慈之心。

在他临刑前写的信中说道，“大部分人不爱读书，每天晚上谈女孩子，哪个女孩子性感漂亮，有钱的同学则大胆找女朋友，大摇大摆地在学校旁边租房子同居。我在这种氛围下再也难以立足了，是他们残忍地对我，是他们不给我活路。他们没有给我留后路，他们淋漓尽致地侮辱完我后，居然还那样嚣张与快乐，因为他们生活条件还是比较好的，他们还有资本去玩女孩子”。

男人一生是否顺利，生活是否幸福，很大程度上取决于对女性的认知。生活主要由女性主导，任何对女性的偏见最终会加倍地伤害到自己，生活就是如此公正。假设他顺利地从大学毕业，走向社会，组建家庭，以他对女性的偏见，也有很高概率将自己推入万劫不复的境地。

“不使不仁者加乎其身”“择其善者而从之，其不善者而改之”。马加爵看到部分学生不爱读书，看到同学不健康的生活方式，他没有及时警醒自己不要成为这样的人，而是选择接近他们，与他们成为朋友。

自困的时候一定要靠自解。一旦陷入迷思、困惑，这个时候必须警醒自己，勇敢且果断地从自我迷失中走出来，只能自己帮自己。很多时候，马加爵生活在自己的世界里，严格地说他没有把自己从内心深处解放出来。

同学和朋友的语言伤害，与生命相比微不足道。韩信很小的时候就失去了父母，主要靠钓鱼换钱来维持生活，屡屡遭到周围人的歧视和冷遇。一次，一群恶少当众羞辱韩信。有一个屠夫对韩信说：“有本事的话，你敢用你的佩剑来刺我吗？如果不敢，就从我的裤裆下钻过去。”韩信自知形单影只，硬拼肯定吃亏。于是，当着许多围观的人的面，从那个屠夫的裤裆下钻了过去，史书上称“胯下之辱”。春秋时代，吴越两国交兵，越国战败，越王勾践和妻子及一干忠臣等被囚于吴国都城姑苏吴王宫中为奴。勾践为实现复国的梦想，吃吴王夫差的粪便以博取其信任。韩信、勾践面对羞辱没有怒发冲冠做出非理性的搏斗，而是把羞辱化作奋进的力量。

当我们遇到伤害的时候，当然需要反抗，但是一定要适度，抗争未必是直接的搏杀。面对邻里无知之人裹挟生死的挑衅，韩信忍受胯下之辱，就是对蛮横无理之人的蔑视，这难道不是最大的回击吗？越王勾践主动受辱于吴王夫差，迷惑对手获得生存之机，最终战胜吴国成功复国，勾践受辱志在消灭吴国。防卫超过明显的限度就是犯罪，以非理性的方式发泄就是非所困而自困。

越是在困顿的时候，心志越要明了，难道韩信、勾践没有人格吗？一个人的尊严会不会因别人的羞辱而丧失？韩信、勾践的故事证明不会。自己的人格由自己主导，由自己决定，不会因别人的好恶而有丝毫的变化。

面对羞辱微笑面对，羞辱便能随之烟消云散。马加爵的尊严是从自己心里消失的，他的同学也没有能力不给他活路，是他自己堵住了自己的活路，他活在自己的世界里。只要他的心胸宽广一些，悲剧完全可以避免。

当你认为自己的人格受到羞辱的时候，不要轻易失去理性。

理性是人格存在的重要条件，当你真的失去理性的时候，离失去人格也就不远了。

人不能屈服于环境，不能轻易屈从身边人的看法，而是要做自己意志的主人。被别人瞧不起没关系，下定决心活出个样来，不要因别人的态度而草率打乱行进的节奏。如果自己属于敏感的人，很在意别人的看法，那怎么办？最好的办法就是把“做自己意志的主人”设置成警铃。思绪一旦陷入纠结马上警醒自己，反思是不是太在意别人的想法，是不是误解了别人，提醒自己凡事要往好的一面看。及时纠正自己，做自己意志的主人，不但需要勇气和魄力，更需要很强的心理承受能力。

心理承受力是非常重要的能力，可以通过锻炼而变得强大。大学上营销课的时候，老师就提出过如何磨炼、提高心理承受能力，最好的办法就是贬低自己。也有些同学无聊的时候就在宿舍练习，比如A同学说B同学是猪，B同学不会反过来说A同学是猪，而是说我就是猪。有的时候搞得双方竟然无法相互怼下去，不时引起阵阵笑声，这给无聊的宿舍生活凭空增添了不少乐趣。

不是智商高的人就可以当老板，不是有钱人就可以随便创业，不是能力很强就能主导大局。创业当老板的关键不在于能不能赚钱，而在于其承受能力。有的人很有才华，也很有激情，一直也很优秀，创业一旦受到重大挫折，精神随之崩溃，这样

的例子现实生活中很多。人如果不了解自己，就容易把失意的责任推给别人，失去面对现实的勇气。

一直认为自己比别人强的人实际上是很危险的，如果生活中真的遇到这样的人，少去招惹他。凡是懂得处世的人一定懂得尊重别人，永远不要去激怒别人。

人若遇到穷困，不要怨天尤人，坚定自己的信念，持之以恒地努力，总能走出穷困。

第五章

君子与小人

第一节

君子之德

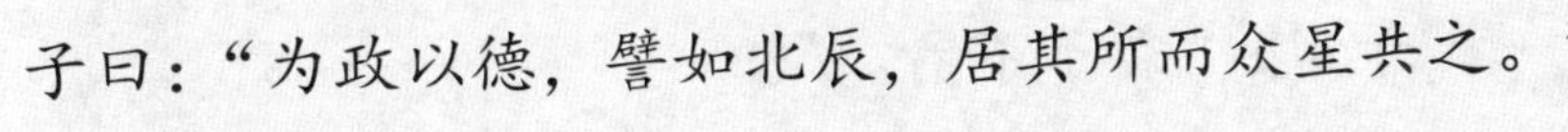

子曰：“为政以德，譬如北辰，居其所而众星共之。”

北辰，居其所而众星拱之，这就是北辰的“性情”和“仁”。仁为君之本，有“居其所而众星共之”的性情之仁就能统领一方。

“居其所而众星共之”与“有朋自远方来”是在人之性情上对“君子”的不同描述。

“居其所而众星共之”在人之性情上是“君子之德”，在天地法则上是秩序，在社会交往上是个人魅力，在家庭、组织上是角色、责任。北辰具有道德、法治、秩序、角色、责任等“乾”之性情。“为政以德”，这个“德”指代“北辰”，可以是道德，也可以理解为法治或秩序。

“居其所而众星共之”不但是“为政以德”的规律，也是诸多事物发展的普遍规律。

第二节

先成器方能不器

子曰："君子不器。"

对这句话的传统解释有三种：第一种，君子不像器具那样，作用仅仅限于某一方面，用于赞美别人多才多艺；第二种，认为有学问、有修养的人不应该只是一种可供使用的器具；第三种，真正有能力的人不会去做具体的事情，知识分子的最高使命是价值的承担者，而不是专业技术人员。

君子不器的"器"，一直以来被当作"有形之器具"来解释，被赋予强烈的感情色彩，上述解释难以经得住深究，也不符合常理。比如历史上专攻医术的李时珍、华佗，天文学家李衡等，他们的专业成就对人类社会的发展做出了卓越的贡献，造福人类就是最高尚的君子行为。

在中国的历史长河里，儒学常被统治者当作统治国家的思想武器，因此，有些解释存在很大的历史局限性，我们要认真甄别。

古人云："形而上者谓之道，形而下者谓之器。"坤道是讲事物的阴面的客观规律，坤在人事上类比为母，为小人，在这里没有任何感情色彩，母与小人指事物发展阴面的作用。同样地，"形而上者谓之道，形而下者谓之器"，讲的是事物的常道，不能人为赋予感情色彩，不能把"器"看得比"道"低一等，这里的器与道都是指"客观存在"。道是无形之道，器是有形之道，有形之器载无形之道，道无形而体用有形，形就是器。

子贡问曰："赐也何如？"子曰："女，器也。"曰："何器也？"曰："瑚琏也。"

瑚琏是古代宗庙有重大仪式或祭祀活动时使用的一种器皿，点缀着珠宝和玉器，可见瑚琏在政治意义上象征很高的权力，犹如皇冠上的明珠，是皇权的核心，是最高权力的组成部分。以此类比某个人是对这个人的肯定，瑚琏为珠为玉，有才、有德、有地位，因此才有资格位列庙堂之上。子贡有瑚琏之才之德，具备辅佐最高权力者治理国家的能力。

形而上者谓之道，道之用离不开形；形而下者谓之器，通过具体的事物来展开。君子不器，即君子无形，无形就是形而上者，就是君子之道。

想成为什么样的"君子"，要先成为"君子要求"的具体的人，首先成器，最终才可能不器，这才是君子不器的道理所在。

学、行君子之道是理论与实践相结合的，比如“志于学”，经过“十有五”的学，应该达到“有朋自远方来”的“器”质。光学理论，而没有实践，没有用所学理论取得具体成果，谁知道你有没有掌握理论？

所学知识一定要通过具体的表现延展出来。医生通过专业的医疗知识行医；教师要取得国家级的教师从业资格证；经商要深蕴经营之道才能盈利；“三好学生”要品学兼优才能被评上，等等。才能是无形的，要通过具体的学识来表现。

想成为被大家认可的君子，首先要成为被大家认可的人才。先做好具体的事，学习专业知识，掌握一技之长，成为被大家认可的人才，这样才能更好地彰显君子之道。

君子成器，方能不器。先具备真才实学，做起事来才能游刃有余；只有具备专业的知识和超然的智慧，才能拥有更多的自由。

第三节

树立正确的“义利”观

子曰：“君子喻于义，小人喻于利。”

朱熹解释说：“义，宜也。”宜，就是妥当的意思。利，就是得失的意思。君子考虑怎样做妥当，是从长远计，从全局计。

这里的君子与小人，应该摒弃感情色彩，君子之道喻于义，小人之道喻于利。乾以易知，坤以简能，君子之道从乾，小人之道从坤，坤顺从乾。乾坤在天地之道上各有其位，君子与小人在社会系统构成上也各有各的功用，这种功用在后来被赋予强烈的感情色彩。在易的角度上，“位”没有贵贱之分，如“北辰，居其所而众星共之”，北辰是乾是君子，众星是坤是小人，众星追随北辰安然有序构成天体之象，这里的众星各有各的地位和作用。众星取利于北辰，各自按坤之道而各自有位，这没有什么不好的。在实际生活中做个好职工，当个称职的经理，甚至比当老板还幸福，只要找准了自己的定位就好。

何谓“君子”？何谓“小人”？

《论语》中，子路问君子，子曰：“修己以敬。”曰：“如斯而已乎？ ”曰：“修己以安人。”曰：“如斯而已乎？ ”曰：“修己以安百姓。修己以安百姓，尧、舜其犹病诸！”君子也有不同的层次和境界，最低标准的君子“修己以敬”，高级别的君子要做到“修己以安百姓”，比如尧、舜。所谓君子乃“大仁之天地生人”，此外皆为“小人”。

在孔子以前的时代，君子多指君王，《论语》代指王者之道，君子终日乾乾，乾为君，君子代指世界事物的乾之健之性情。

《论语》中“小人”包含但不限于阴险狡诈、为非作歹的坏人。在孔子那个时代，围绕在君王身边的人，辅佐君王管理日常事务的人都称为“小人”。用企业管理的话来说，就是“君子”负责制定公司发展战略，“小人”负责具体执行落实。“不知言、不知命、不开明”的人都是“小人”。现实生活中遇到的人不说百分之百至少百分之九十都是“小人”。孔子所讲的“小人”是个中性词，用以更好地解释、区别君子，以彰显君子修行的道理。

对于绝大多数人来说，与其说学君子之道，还不如说学“小人之道”，因为真能成为“君子”的，历史上也屈指可数，而能成为一个合格的“小人”同样非常可贵。正确地理解“小人喻于利”，更具有正面的社会现实意义，利绝对不仅指“利益”。

清人刘宝楠《论语正义》中云：“利，义之和也。利物足以和义。”又云：“利与不利，古人皆质言之。人未有知其不利而为之。人未有知其不利而为之，则亦岂有知其利，而避之弗为哉。利所以为义之和者，和犹言调适也。义以方外，若但言义不言利，则方外而不能和，故利为义之和。”

“利物足以和义”，义和利的关系，用在K线图上，义就是周线、月线甚至年线等大级别K线走势，利就是分时线等小级别走势。炒股的人，如果事先知道会亏绝对不会买；反之，明明知道会赚钱，就不会卖。买卖肯定是因可以买卖才买卖的。任何交易都是来自当下的买卖行为，这就构成小级别分时走势。任何大级别行情都是由小级别走势逐步构成的。如果说年、月K线走势是真理，难道分时K线走势不是真理？如果非要高看“义”，首先不能贬低“利”。

一个好的操作，就是“义以方外，利以和义”，从大级别走势把握方向，在小级别上认真操作，控制好小级别节奏和大级别走势就能成为人生的赢家。

“君子喻于义，小人喻于利”的真正含义是君子“修己以安百姓”使天下合宜，小人要按照“合宜之理”做事做人。

合理追求自身利益，同时符合社会大众利益，这就是一个人应该尽到的社会责任，社会利益最大化就是最好的和谐。现实意义上的“君子”是指国家及其政府职能，政府治理社会必讲“仁义”，人们应该遵守国家法制及社会公德。

从家庭文化的角度来看，家应该具有“君子”的质地，以

“义”为原则，追求和谐。家长的责任就是让家里的人相处合宜，子女要多做利家的事。在学校，老师承担“君子”的职责，教育学生掌握知识学会做人，学生要虚心接受老师的教导，通过完成具体的教学内容来实现学校的教学目标。

生活中不顾及家庭、集体、他人等的利益，只考虑自身利益的，就是自私自利的“真小人”。这是我们为人处世应该避免的，防止自己成为真小人，杜绝与真小人交往。

生活中我们常常看到，有些不愉快的事情本来是可以避免的，但因为某些人固执地只考虑自己的利益，不顾及别人的感受，结果引起口角甚至引发肢体冲突。

据媒体报道，一家三口在海南旅游，开车不小心把人给撞了。双方各执一词，都说是对方的责任。开车的儿子下车骂“海南人都是猪”，结果引起民愤，儿子怂了躲到车里，留下他无辜的父亲在外面被人群殴。发生交通事故，根本没必要争执，报交警下车后拍照取证，报给保险公司理赔就可以了。即使双方有争执，就事论事也不会致使矛盾升级。不可以随意侮辱别人，更不可以“一杆子打倒一大片”，否则很容易引起公愤。一旦发生群殴的情况，就不好收场了，甚至会引发命案。人生中若与这样无知、无情、无义之人为伍，那真是悲哀。

因一句话引起命案的事例很多，所以，只图一时口舌之快，逞小人之能，终将害人又害己。

第四节

比就是从众心理，学会保持独立性

子曰："君子周而不比，小人比而不周。"

南怀瑾在《论语别裁》中说：君子与小人的分别是什么呢？周是包罗万象，就是一个圆满的圆圈，各处都到的。君子为人处世，对每一个人都是一样，不是说对张三好，对李四则不好，这就不对了，这就叫"比而不周"了。你拿张三跟自己比较，合适一点，就对他好，不大同意李四这个人，就对他不好，就是"比"。一个大政治家是和宗教家一样，爱人是不能分彼此的，我们对于人，好的固然好，爱他；但对不好的更要爱他，因为他不好，所以必须去爱他，使他好。这是一个真正的大政治家，也就是宗教家、教育家的态度，这就是"周而不比"，要周全，不能比附一方。小人呢？相反，是"比而不周"，只跟和自己要好的人做朋友，什么事都以"我"为中心、为标准，这样就不够客观公正。

南怀瑾先生对君子与小人在“比”方面做了细致的分析，解释得非常好，通俗易懂。我觉得还需要对“比”做一个深入分析，“比”不是简单的人与人之间的相处关系，而是一种普遍存在的社会现象。

古人云：“众必有所比，故受之以比。比者比也。”《说文解字》：“比，密也。”比者比也，事物聚会成众，就必然相互亲密，这是事物的易之理，即人与人、人与自然相处的自然规律。

小人“喻于利”，因“利”而相互联系聚集。“北辰，居其所而众星共之”，“共”就是当下的“比”，北辰是君子，对众星是无差别地“比”，而众星争相“比”之，因而各自有位，因而成就“北辰，居其所而众星共之”的局面。

人们因安全需要聚集成众，因各取所需相互聚集在一起，这是聚集的前提。人聚会成众，有众必有所比，这是不以人的主观意志转移而客观存在的社会现象。

聚会成众必然产生群众效应。社会行为心理学认为，人在群体中原始的本能往往容易被唤醒。似乎存在神秘的杠杆，使人的贪、嗔、痴、疑、慢等本能的力量成倍释放，理性很难占上风。

生活中，我们常常看到这样一个现象：在发生群殴事件时，某些人突然失去理性，拿起凶器专朝人的致命地方打，一下子把人打残，甚至打死。本来是一起矛盾不大的纠纷，一旦发生命案，性质就完全变了。事后恢复理性，马上后悔、懊恼，又有什么用呢？一时冲动导致别人家破人亡，自己也跟着家破人亡，非常不值得。

记得有本书讲述，一个学生被另外一个班的学生打了，这个学生叫来十多人去打架，每个学生手里拿着一块砖头。当时有个学生问，我们是打死他还是教训他？如果只是教训他，就都把手里的砖头扔掉。警告别人，即使赤手空拳打对方一顿一般也不会产生严重后果。如果那个学生真用砖头打人，那所有学生都可能面临牢狱之灾。在群体中保持一份理性是非常重要的。

在群体中，个人心理诉求越单纯，群体情绪越强烈，局面越难控制。群众情绪一旦兴奋起来，往往会刺激个人做出不可控制的举动，群众的共识随时会发生变化，一时平静，一时疯狂。在群体中个人往往完全丧失判断力，甚至不在乎真相，纯粹是追随群体的情绪而采取过激行动。群众的力量绝对不是一个人所能抗衡的，无论多么精明，都不可以尝试与群众争论，只有一个选择：要么加入要么独立行动。

金庸小说《天龙八部》中的全冠清，就是一个善于调动群众情绪的高手。他利用各种手段，把所有不利证据及疑点引向乔峰。丐帮的一群乌合之众的情绪完全被全冠清掌控，已经不在乎真相是什么，他们急需一个真相。真相到底是什么，那是理性人解决的问题。因此，他们就轻易地相信全冠清抛出的所谓事实，最终全冠清成功地利用群众的力量逼走了乔峰。

在群体中人本能地有占有或引领的欲望，每个人都想将自己的能力发挥得淋漓尽致，幻想成为领导者或英雄。个体的欲望一旦汇集成一致的群体情绪，其产生的冲击力是非常强大的。另一方面，群众的力量虽然很大，但诉求却很单一。

在群众当中若能保持理性，保持独立思考的能力，很容易辨别是非曲直，很容易掌握群体情绪发展的趋势，从而做出更合理的抉择，就能成为人生的赢家。

在资本市场的投资上，对于这个群体的社会效应，巴菲特总结为“别人恐惧的时候我贪婪，别人贪婪的时候我恐惧”。

在群体中，只有理性地周全大家的利益，无差别地与人亲密而聚集，才能成为领导者、主导者。因而周全是最大的比。

在解决群体性事件时，就具体问题是不可能与群体进行理性沟通的，与之不可辩不如不辩。首要的原则是安抚群体的情绪，把群体化整为零，从群体中选出几个代表，这样才能进行理性的沟通。

众聚则忧，一旦进入人潮聚集之地，一定要注意安全。事物之间是相互依存的，众必有所比，人聚在一起容易发生意外或灾祸。另一方面，群众的情绪容易被调动、被利用，历史上打着圣人的幌子谋一己之私的非理性事件不胜枚举，生活中我们要时刻警惕打着“君子周而不比”的幌子行欺骗之实的陷阱和骗局。

第五节

不同才能和，同反而不和

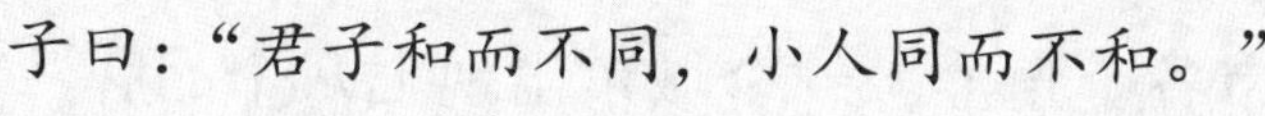
子曰：“君子和而不同，小人同而不和。”

“小人比而不周”因而表现为“小人同而不和”，“君子周而不比”因而表现为“君子和而不同”。

“小人喻于利”因而“小人比而不周”；“小人比而不周”因而圈子越大，利益关系越难协调。在人际关系交往中，解决集体事务时，要达到“和而不同”，根本的立足点是“周全”，以比的最大公约数周全大家的利益。

三人成众，一个家庭就是一个社会组织，“君子喻于义，小人喻于利”“君子周而不比，小人比而不周”“君子和而不同，小人同而不和”，这些问题在一个家庭中也同样存在。

在日常家庭生活中，只要相互关切对方的需要，包容对方的缺点，就能获得亲密的私人空间，家里有小世界生活才会更精彩。所以说一个家经营得好，家庭成员在社会上一般处境都好。“齐家，治国，平天下”是有很强的内在联系的。

不同才能和，同反而不和。

形式上追求完全的一致，相互之间必然出现同质化的竞争，最终会走向零和的竞争关系。比如共享单车摩拜刚出现的时候，非常受人欢迎，市场发展速度很快，不到三个月投资方就收回了成本。但是这也引来更多的资本跟进，很短的时间内，共享单车充斥城市各个角落。一个城市出现七八个品牌，市场供给严重超出城市的承载能力。同质化竞争非常严重，大家都挤进这个市场，结果导致所有共享单车公司出现亏损。

看到别人赚钱一窝蜂地跟着干同样的事情，结果出现严重的同质化竞争的局面，最终都赚不到钱。无论是做人还是做生意，同质化必然出现不和谐。

在不同中求大同

在不同中“求同存异”才能和谐共进。我们在生活中不能跑偏了方向，不能因君子“和而不同”而追求不同，盲目地把与众不同当成个性，结果导致自己不能很好地与社会融合。恰恰相反，“求同存异”才是我们生活的主基调。

求同不是追求同质化，而是在不同中求大同，大同不是同而是不同。从社会行为的关系来看，一是对己，二是对他人。

对己而言，知人之人在社会交往中，不会盲目地迎合、附和或重复别人，而是主动地与别人相协调，相互成全而不是相互消耗，从而达到长期和谐共处。比如，在北方常常能看到这样的场景：一个卖羊肉汤的摊子旁边，都有一家卖烧饼的；一个卖胡辣汤的摊位旁边，都有一家卖包子或者馒头的。从未见卖羊肉汤的与卖烧饼的，或者卖胡辣汤的与卖馒头的之间吵架。他们总能长期和谐相处，甚至一方不出摊，另一方都不敢出摊。人们不可能光喝羊肉汤而不吃饼，光喝胡辣汤而不吃馒头。他们之间就是在不同中有根本的同，相互给对方带来所需，相互成全对方。但是，生活中我们还看到不和谐的事情，比如，一家包子铺生意很好，隔壁卖凉粉的看到卖包子的生意红火，也不卖凉粉了，改卖包子。两家紧挨着的门店都卖包子必然引起恶性竞争，结果两家生意都不好。两家人相互抱怨，谁看谁都不顺眼，有一点小矛盾就吵架甚至大打出手，到最后关门大吉。盲目地跟进或重复别人，到最后就是一个双输的局面。

与人相处，对他人要包容差异，一个组织或团队必须是由各种各样不同人才组成的。如果不相互包容，那么这个团队就必然陷入内耗，损害整体的利益。一个团队中，尤其是领导者，如果总是强求一致，容不得差异，不能包容别人的不同意见，肯定会出现各种矛盾，让团队陷入无休止的内耗，那这个团队也就走到尽头了。比如，一支乐队，要使用很多不同种类的乐器，各奏其乐，各发其声，从而汇成美妙动听的音乐。在合奏中，如果演奏某种乐器的人硬要出风头，非要展示自己的特点，不按照应有的节拍演奏，不但会引起观众的反感，还会搞砸整个演出。如果没有多样性的统一，世界就没有那么丰富多彩了。

在互联网如此发达的今天，人与人之间的交往呈现出扁平化发展的特点，当今世界比任何时候都需要“和而不同”的相处理念。有互联网这个大平台，每个人都有机会展现自己不同的天赋，近几年来自媒体发展速度非常快，内容也异常丰富，给我们打开了与人沟通的新渠道、新形式。比如快手、抖音，不管你喜不喜欢，它们确实在飞速发展，在更大更广的范围，影响着这个现实的世界。无论是企业经营还是个人为人处世，“和而不同”都可以作为现代社会发展的一项准则。

第六节

做人要有底线意识

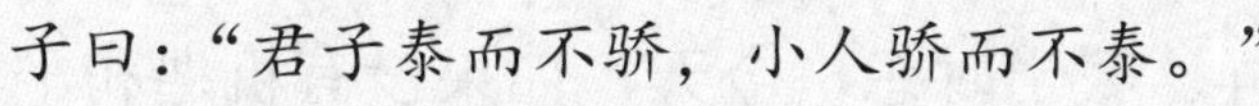

子曰：“君子泰而不骄，小人骄而不泰。”

“人不可有傲气，但不可无傲骨”是国画大师徐悲鸿先生的座右铭，这句话的意思是：人不可以骄傲自负，但是一定要自信自强。

有傲气容易，但有傲骨是不容易的。

要做到有傲骨是要有资本的，需要实力作为后盾，要有底线意识。没有才干的傲骨就是自不量力，自以为是就是任性，不但得不到别人的尊重，反而会被人嘲弄。

为什么要学习？就是为了能有选择的能力。如果不具备选择的能力，怎么对抗“潜规则”？能力是做人守住底线的基石，是争取公平的谈判筹码，是获得尊严的关键。有能力才能给自己以信心，才能自强，才能更好地守住骨气，傲骨是君子的特质。

杨澜在解释她为何选择离开央视时说道：“当时我在中央电视台是一名当红的主持人，大型的活动都由我去主持。可是一件小事，却让我感觉到我身处的环境极其不安全。有一年春节晚会，共有6名主持人。多遍彩排之后，有一位主持的大姐，导演组突然决定不用了，但没人去通知她。那一天，那位大姐兴冲冲拿着礼服到化妆间，化妆师说没她名字，结果那位大姐黯然神伤地走了。我当时坐在一旁，那一刻我似乎看到自己的未来就是这样。我当时想，今天，如果没有机遇和平台，有多少成功算是你努力的结果？选择离开是因为恐惧，因为命运不在自己掌握中。从那一刻起，我就觉得自己首先得站稳脚跟，不要沉迷在鲜花和掌声中，去成长，去读书。我的一些成长并不是精心安排，只是跟随心里最真切的声音。年轻的时候不去搏一搏，什么时候还有机会？”

进入社会我们随时可能是杨澜或杨澜所说的大姐，有能力就能泰然处之。俗话说得好，“此处不留爷自有留爷处”。面对不公或“潜规则”，守住做人的底线，不向“导演组”屈服。

不要过度指望“平台”成全自己，能力和智慧是人生价值最好的成全。那些向权贵屈服的女明星们，虽然能得到一时的虚荣，最终还不是声名狼藉？失去了做人的底线，就失去了整个人生。

“小人”能不能泰而不骄?

要弄明白这个问题，就得先搞清楚小人、君子在社会功用上的区别。有人解释“小人之意，以柔顺为体，以包承为用”，“大人之意，以刚健为体，以包承为用”。由此来看，理论上小人只要做到以柔顺为体、以包承为用，就能做到泰而不骄。

柔顺之体应在柔顺之位，位得当自然“名正言顺”，人们就不会用有色眼镜看待你。如果柔顺之体错配到刚健之位，发挥君子刚健作用，那么就是失位，“名不正言不顺”，就会招来非议。刚健之体错配到柔顺之位，道理亦然。

春秋时期，有一天晏子乘车外出，马车正好从车夫的家门前经过。车夫的妻子从门缝里偷偷地往外看，只见自己的丈夫替相国驾车，坐在车上的大伞盖下，挥鞭赶着高头大马，神气活现，十分得意。车夫回到家里，妻子很不高兴。车夫忙问发生了什么事情。他妻子说：“晏子身为齐国宰相，在诸侯各国中很有名望，可我看他坐在车上，仪容是那样端庄深沉，态度是那样谦逊。而你呢，只不过是给相国赶赶车罢了，却趾高气扬，表现出一副很了不起的样子。像你这样的人还会有什么出息呢？”车夫仔细琢磨妻子的这番话，既受教育又感惭愧，便向妻子认错。自此以后，车夫变得谦逊谨慎起来。车夫的这一变化，使晏子感到奇怪，问车夫原因，车夫把妻子的话如实地告诉了晏子。晏子认为车夫的妻子很有见解，也对车夫勇于改过的态度感到满意，便推荐车夫做了大夫。

这个车夫一开始“骄而不泰”，经过老婆的一番开导，马上“泰而不骄”，很快由车夫晋升为大夫。这可不是连升三级，是连升三的N次方级，可以说是一朝自新而登天。可见，君子和小人并不是一个固定的标签。

不具备“君子”德行的人，一旦处于君子之位，往往会盛气凌人，得意忘形。“小人不可大受”，“受之大任”往往表现出“骄而不泰”，从而“知”这个人就是小人。

有些人在某方面有才能，或是某个方面的专家，常常“有朋自远方来”，有许多粉丝和追随者，平常表现得“德才兼备”，表面看起来能担当“君子重任”。但是一旦被授予重大职权，就变得骄横跋扈，目中无人起来，很快变成另外一个人。因此，在学习专业知识的同时，一定不能忽视自身品德的修养。比如，一个人英语好，奥数成绩好，考试第一名，各门功课都优秀，是不是说明这个人可堪重任？有的人自以为成绩非常好，认为自己很聪明就会比别人强。实际情况并非如此。人必然是个社会人，恃才自傲就很难与人融合。一个社会边缘人，即使聪明过人也很难服务好社会。

小人本为柔顺之体，得志往往表现出“骄而不泰”，暴露出能力与职位的不匹配。在实际生活中，一方面，我们一定要定好位，认清自己在所处社会关系中的角色，在其位谋其政，心态好得志就不会忘形；另一方面，时常提高自己的能力和素养，有能力遇事自然就能泰然自若。

第七节

知人更要知于人

子曰："君子不可小知而可大受也，小人不可大受而可小知也。"

本句主要陈述的是如何知人。若以小事、小节之类的简易指标来考察，小人有时表现得比君子还优秀，因而君子或许会被置于无用之地。此处君子与小人指的是"仁"之厚薄，说的是能力大小，小人不是指道德败坏的人，强调的是"位"的问题。

能知人，然后能用人。比如"小人大受"，则"骄而不泰"，这个问题就是"位"的问题。"守位曰仁"，有什么样的"仁"就有什么样的"位"。"位"与"仁"一旦不匹配，就会出现各种各样的问题。通过人所处的"位"也可以了解这个人的"仁"。"仁"对"位"有决定性作用，因此，人首先要追求"仁"，而不是专注于"位"。俗话说得好，"是金子总会发光的"。

钱穆先生说："一事之能否，不足以尽君子之所蕴，故曰不可小知。任以天下之重而泰乎绰然其可任，故曰可大受。小人非无一才之长可资器使，但不可任以大事。"

人无完人，金无足赤，有大的才能和智慧的人常常不拘小节，甚至行为与常人不同。“术业有专攻”之“深沉厚重”“磊落豪雄”的人往往不善言谈，表面上和普通人没啥差别，因此君子还必须具备“知人、用人”的能力。如果用人者不具备这个能力，那么就会发生小人反胜于君子的意外，人才将无用武之地。

故而，君子要具备两个能力，首先要具备知于人的能力，其次能知人、用人。君子若只是注重形式上的修行，而“知政”实操能力薄弱，经不住职业面试的考验，就得不到社会的认可。因此，无论有多大的天赋，都必须具备施展这些天赋的技能。学历、证书重不重要？当然重要了，这些东西就从形式上证实你具备某一项专长，别人通过这个证书可以加深对你的了解，至少多一些面试、实习和沟通的机会。考大学重不重要？当然重要了，名牌大学就是未来进入社会的黄金名片，好的机会首先属于这些人。因此，考个好大学、好专业，考取一些必要的证书，是“知于人”的必要条件。知于人才能有“位”，有“位”才能“知人、用人、知政”。

《国语·周语》云：“若是而知晋国之政，楚越必朝。”韦昭注：“知政，谓为政也。”《韩非子·说林下》：“君长自知政，公无事矣。”知政，是为政，是主持政务。

与大受对应，小知应为“知小政”之意，大受就是“知大政”。“知小政”为“知县”，“知大政”为“知州”。从这个角度理解，君子与小人有现实的“地位”高低的差异，君子至少是具有一定知名度的社会成功人士。“君子不可小知而可大受也，小人不可大受而可小知也。”意思就是君子能干大事未必能干好小事，小人成不了大事却能干好小事。

君子可以任命为职业经理人，负责全面工作；小人可以负责某一项具体的工作。在企业管理中，这是用人的基本原则。

在人际交往中，我们都是“小人”，因为人际交往中发生的都是常见之事。如果以君子干大事的格调与人交往，非把对方吓走不可。在交往中，言辞表意一定要准确无误，交代事情一定要到位、具体，尽量不用肢体语言，不要让对方去领悟、猜测。否则就会出现信息认知偏差，沟通不畅或交流达不成共识就会产生误解甚至发生冲突。这就是生活中常把君子误认为小人的原因。

语言表意有时也会出现理解偏差，肢体语言更容易产生误解。比如，一个女生的表情，每个看到的人理解的意思会很不一样。即使一个人看，上午看与下午看也会不一样。上午的理解会影响下午的判断，这些情绪的信息会相互强化，相互影响，使误解加深。

特别是处于青春期的学生，异性之间相互产生一些好感是很原始很质朴的心理反应，这种好感与感情是两码事，但是有些学生却会把好感与感情等同起来。与异性交往时，情绪容易出现波动，情感认知容易出现偏差。因此，交往中尽量不用肢体语言，一定要用语言表达清楚、清晰，不能模棱两可。否则，轻易地跟随自己的心理感应起舞，容易引起误会，滋生额外的麻烦，给繁忙的学习生活增添不必要的烦恼。交往有技巧，交际能力是“知人、知于人”的体现。

第八节

人具有君子和小人的两面性情

子曰："君子而不仁者有矣夫，未有小人而仁者也。"

大概历史都是"君子"们书写的，因而对"君子"大加赞美，企图把"君子"定义为拥有可信任、永远善良的人性标签，甚至引导人们包容他所犯的错误。时至今日，还有人把自己包装成"君子"，行欺骗之实，屡屡得手。可见这种扭曲的偏见对社会的影响还是很大的。纠正、正视这些偏见是教育者的首要责任，父母也要帮助孩子建立起批判性思维。

君子之道就是欲仁之人发展变化所呈现出的轨迹走势和规律。人总是在发展变化之中，只不过"君子"在发展变化轨迹整体走势上体现为"刚健性情"，但不排除其间也会出现大幅度波动。

事物总是发展变化的，人也一样，君子也有小人的一面，君子恶时或许比小人还恶。因此，对"仁义之道"要一分为二辩证地学习。事物在某个时间段，可能出现完全相反的变化，比如自由贸易是美国价值观的象征，但特朗普时代的美国正在干与之相反的事。

对“君子”的绝对肯定，对“小人”的绝对否定，都不符合人之常情。比如说“我欲仁，斯仁至矣”“鸟之将死，其鸣也哀”，任何人都有善的一面。“小人”时而也会有“君子”的一面，而“君子”何尝不会有“小人”之一面？任何事物都是阴阳之体，人不可能例外。无论是君子还是小人，都需要监督。契约、规则、制度是“信任”的桥梁，是“交易”的现实基础，是文明的体现。君子的“一言九鼎”，小人的“吐口唾沫是个钉”，都不如一纸之约。

“圣人不仁，以百姓为刍狗”（出自老子《道德经》第五章），显示出圣人对人民不讲仁爱和无情的一面。“君子而不仁者有矣夫，未有小人而仁者也。”为什么不可理解为“君子不仁的时候，其残忍程度可能超出一般人的想象”？

很多悲剧的发生，多是因为高估了或轻信了君子的“仁德”。比如《三国演义》中曹操因刺杀董卓不成而逃离洛阳，途中被陈宫所救，共同来到吕伯奢家。吕伯奢吩咐家人杀猪款待二人。假如吕伯奢事先告诉曹操，磨刀不是要杀你去邀功请赏，目的是杀猪用来款待你，曹操就不会杀他全家了。

历史上吴越争霸，文种和范蠡辅助越王勾践灭吴复国立下卓越功勋。范蠡认为越王勾践是个可共患难不可同富贵的人，复国成功之后，在人生最辉煌的时刻，为保全自己毅然决定急流勇退。范蠡走之前，给好友文种留下一封劝退信，说："飞鸟打光了，好的弓箭该收藏起来；兔子打完了，就轮到把猎狗烧来吃了。越王这个人，可以跟他共患难，不可以共安乐，你还是赶快走吧！"文种放不下功名利禄，抱着侥幸心理执意为相，最终落得个被逼自杀的下场。假若文种听从范蠡的劝告，早日放弃对勾践的幻想，就能躲过杀身之祸。

慢藏诲盗，与人相处，你不多想不妨碍别人多想。举个真实的例子，小张同学去银行取钱，让小王同学陪同。从银行取款之后，小张担心有假币、金额有差错，让小王同学帮忙看一看数一数。两个人回到学校宿舍后，小张同学发现钱少200块，两个人就此发生矛盾。小张同学报警，警察介入调查，小王同学最终承认，数钱的时候，趁小张同学不注意把钱拿走了。

据新闻报道，因一张自拍，美女被闺密送进派出所。事情的经过是这样的：25岁的小周拍了张自拍照发到朋友圈上。没多久被好友小陶刷到了这一张图。小陶发现小周手上的钻戒很像前不久自己丢的那个。因此，两人闹进了派出所。原来，小周还在杭州工作时，经常来小陶的房间找她聊天。一次小陶拿化妆品的时候，小周注意到抽屉里边有个钻戒。一天，趁着小陶不在房间，小周偷偷将钻戒藏在自己的包内。小周说："本来我打算回温州老家了，室友也不会有什么联系了，肯定不会想到我的头上来的。”经民警审问后得知，除了小陶的钻戒，小周还拿走了另外一个室友小蔡的钻戒，但已经被卖掉换了1500元。目前小周被采取刑事强制措施。

古人云“穷要外诉，财不外漏”，要懂得叫穷叫苦，财物要收藏好不外露不炫耀，这不是自私自利，而是给自己营造安全的生存环境。示穷显弱装可怜，预防可能的侵害，是特定环境下必要的生存智慧。

本没有钱财宝贝，炫耀吹牛惹来杀身之祸的事也有。在一个偏远的农村，村子里一个爱吹牛的老王，说家里有个祖传的佛像，说得有模有样的。本村的老张在一个寺庙里打工，在和一个和尚聊天的时候无意中说起这件事来。此后这个和尚就惦记上这个宝贝了。一天深夜，和尚三人来到这个村子的老王家，要老王交出佛像。老王家里确实没有，怎么殴打也交不出来，最后和尚担心事情败露，干脆杀人灭口。老王吹牛说家里有宝贝，其初衷或许是说给村里瞧不起他的人听，想为自己出口气，结果把命搭上了。

人往往会见财起意，因此我们不能激起他人恶的一面，而哭穷坏人就不会惦记你。涉及财产、生命安全的时候，对人无限度的信任，可能致使自己处于危险境地。任何时候，不要把最后的筹码下注于人品，以免陷自己于绝境。女孩子尽量避免进入封闭空间，不得已进入封闭空间时，不要穿着太暴露，一定要提高安全意识，准备好保护自己的应急措施。不然的话，一旦发生意外，很难自救。比如乘坐滴滴顺风车，一旦感觉不对劲，马上要采取自救措施。稳住对方的情绪，降低对方作案的动机，通过一些合理的手段，让对方意识到，自己的家人和朋友完全掌握了目前的状态，如果图谋不轨立刻会被第三人知道。在社会交往中，如果一定要到绝对封闭的房间协商时，叫上同事或朋友陪伴。让对方有所顾忌，通过自救措施消除对方的不良动机。

“我欲仁，斯仁至矣”，如同“我思故我在”。小人对人性的思考，对君子之道的实践还达不到自我约束的程度，“仁”之气常有，但“仁”之体未成。“未有小人而仁者也”不是说小人没有仁，而是“仁”未成体。“子不教，父之过”，“仁”未成体之人不能没有监管，未成年人教育如此，社会管理亦是如此。

子曰：“虽曰君子，犹未能备。”《皇疏》引袁氏云：“此君子无定名也。利仁慕为仁者，不能尽体仁，时有不仁一迹也。小人性不及仁道，故不能及仁事者也。”《朱子集注》谢氏曰：“君子志于仁矣，然毫忽之间，心不在焉，则未免为不仁也。”

孔子认为，君子也是人，人无完人，有君子之名并不排除会做出非君子之事，这不是对君子的否定，而是指出君子修行永无止境，是对君子的一种告诫。

君子“仁”已成体，所以能“修己以敬、修己以安人”，能“和而不同”，能“周而不比”，这是“仁”未成体之人继续要努力闻、见、学、行君子之道的原因。

正是因为“君子而不仁者有矣夫”的现象客观存在，科学决策程序不但重要而且是有效管理的前提。“君子”关键时刻或许会犯“小人”常犯的错误，而“小人”常常会有仁者的见解。因此集思广益，建立科学的管理体制，高效的决策程序，是治理国家的君子之道。

第六章 思考力拓展

第一节

能治自身方能治天下

子曰："道千乘之国，敬事而信，节用而爱人，使民以时。"

这句话告诉我们一个通俗的道理：做大事一定要坚守原则，遵循与其相应的规律，要有合适的方法。

大事、小事是相对而言的，封建社会国之大事，唯祀与戎，就是祭祀与战争。现代社会讲究民主，民生就是国家大事。不同的格局，不同的角色，事情大小自然就不同。对于学生来说，每场考试都是大事，都要严肃认真对待，为此要安排好平常的学习生活；对于家长来讲，赚钱养家就是大事，为此要不辞劳苦。

而从做人的角度看，关系到人格和尊严的事情都不是小事。不学做人就没有成长，做人是比学习还重要的事情。学习成绩再好，做人不行终将一事无成。

学做人要先从小事小节开始，懂得坚守原则和底线，体悟小事小节包含的常识和规律，掌握处理小事小节的技巧和经验。长期坚持下去，从小养成这样的习惯，长大后遇到大事情也能处理好，因为大事和小事发展的内在道理是相通的。

反过来讲，如果小事小节处理不好，会演变成危害自身的坏习惯。比如网上偷菜的视频很火，农田里的菜虽然不值钱，但不经过种植人的同意，擅自做主摘菜就是偷盗行为，是违法的。不能心存贪念占有本不属于自己的东西。犯错往往是因一念之差，一旦不能坚守做人的原则和底线，贪图小利，将付出更大的代价，甚至断送美好前程，给自己烙下永远抹不掉的不良记录。

事物存在普遍联系，“敬事而信，节用而爱人，使民以时”是处理事情的通用智慧。做大事就要有博爱胸怀，讲信用，态度认真，有责任心，在具体行动上乘时而动，节制而行。

以此道修治自身，使自己具备博爱的心胸，节制有度，就能治理千乘之国。若想治千乘之国，必须从治自身开始。

对于学生而言，管好自己的学习生活，就是治自身，学习和学做人是相辅相成的。

掌握知识就是预习、练习、复习、实习的过程，主动养成好的习惯也是学做人的体现；家长、老师告诉你该怎么做，自己能够主动尝试去做，就是正确的做人态度。这就是“敬事而信”。

所谓节用，并不仅是节约。对学生而言，节用是合理安排学习生活，节用是使生活有秩序。

爱人就是学会与人相处，首先学会爱护家人，尊敬师长，和同学和睦相处，然后才能“泛爱众”。

“使民以时”就是安排好作息时间，注重学习效率，使身心健康发展。学习时做到精力集中，玩耍时能尽情投入。时间是成长的资源，学习是第一要务。不能贪玩无度。只有把学习任务完成好，才能有更多的时间发展兴趣。每天的时间是有限的，合理地利用好时间尤其重要，这样才能让自己的身体、学习、兴趣和爱好等全面均衡地发展。从这个意义上讲，管理自己的道理与管理他人、他物的道理是相通的。

第二节

沟通是人生一门必修功课

子曰："不患人之不己知，患不知人也。""不患人之不己知，患其不能也。"

准确领悟这两句话，关键要弄明白两点，一是不患与患的哲学含义，二是"人之不己知"的社会意义。

"吾有大患，及吾有身；及吾无身，吾有何患？""窃以人之生也，皆缘妄情而有其身。有其身则有患；若无其身，患从何有"（出自《悟真直指》）。

可见这个"患"并不只是表面意义的"忧虑"，而是上升到了"道"的高度。此处的"患"是指代一切难以言尽的哲学概念，具有一定的特指含义。比如"吾有大患"这个"大患"其实就是"自身"，是"妄情"，是"私欲"。因而"不患"与"患"具有约定俗成的说法，是古代先哲用于解释哲学意义上难以言尽的事物所隐含的客观现象或规律。从这个角度分析，"人之不己知"和"不知人"就不是个别现象，而是人类社会本身就存在的普遍道理，深刻揭示了人的心智活动的深层认知逻辑。

“人之不已知”即“人之不知己（人）”意思是说“我”不了解“我”，别人不了解“我”，“不患”是指这种现象是人类社会普遍存在的客观事实。人天然地具有这个特点或叫缺陷，人一般不了解自己也不了解别人。

“患不知人也”，意思是说如果人对“人一般不了解自己也不了解别人”这个缺陷不了解，那么就有“患”了。

“患其不能也”，如果人不了解自己，又不能互相了解，这种状况不改善，从个人来讲，人际关系会紧张，家庭会不和睦；从大处说社会会不和谐。

这两句话包含的人生哲理，可以具体总结如下：

第一点：人通常既不了解自己也不了解别人。

第二点：真正了解自己或了解他人是很难的，但是人轻易地会认为自己了解自己或了解别人。

第三点：不真正了解对方，“患”一定会发生。人际关系不通达，家庭不和睦，一定是因为人与人之间了解不够。

沟通是人生的一门必修课。人通常既不了解自己也不了解别人，这是人心智活动的根本特点。正确地了解自己和别人，反映的是一个人的理解能力。所以我们不但要培养“知人”的能力，还要具备“知于人”的能力。

按照孔子提出的“君子四端”思想，只要做到言、色、心、行一致，就能“知于人”。君子没有必要“巧言令色”，君子所担心的是自己的思想不能被正确地传播。比如任正非，有很高的社会影响力，信誉又好，他根本没必要修饰自己，别人也会相信他说的话就是他的真实想法，相信并追随他。但是，“知人”就是一件复杂的事情，任正非也不敢说没有看错或用错过人。

“吾有大患，及吾有身；及吾无身，吾有何患？”这句话有非常重要的现实意义。它告诉我们，人能力再强，一定要通过行动才能实现；一个人理论水平再高，一定要通过神经细胞活动来表达；“道”一定要通过具体的“形、器”来延展，否则，就是虚无。

“患不知人也”，人如果不能对身体有这样正确的认识，那么身体就容易出状况。

重视自己的健康，关注自己的健康，就是人“自知”的体现。

自知力是人的核心能力

生活中人与人之间的相处很难清晰地分清楚谁对谁错，更别说孩子们在一起嬉戏了。

我们常常看到两个孩子闹翻后双方争执不下，互相抱怨对方。冷静地分析一下，捋一捋整件事情的过程，你会发现两个孩子都有错，也都有对的地方。此时，批评谁谁都不会服气，孩子反而会觉得委屈，结果哭闹得更凶。

当孩子稍稍懂事，能够接受家长建议的时候，可以和孩子沟通怎么样与人更好地相处，试着让孩子接受“不能因自己的处理方式使矛盾激化或升级”为相处的原则。

如果孩子能够接受这个观点，那么当孩子之间发生矛盾的时候，处理起来就相对容易了。

有一次，四岁的妹妹拿走了六岁的姐姐最爱的玩具。姐姐看到了就跑过去要从妹妹手里拿回玩具。两个人争夺起来，妹妹打了姐姐一下，姐姐打回妹妹。外公过来拉架，两个孩子各不相让。我过去告诉姐姐：“不能用强硬的方式从妹妹手里夺回玩具。”姐姐反驳说：“是她先拿走了我的玩具。”我说：“无论谁对谁错，事实上结果是你们两个打起来了，外公过来拉架你们还各不相让。”我反问她：“妹妹没有事先经过你同意拿走你的玩具是不对，但是，是不是因为你强硬地与妹妹争抢玩具才导致两个人打起来的？”随后她沉默不语。我说：“即使别人拿了你的东西，也不能以无理的方式夺回来。你要是能说服妹妹，让妹妹自觉地还给你才算本事。”过了差不多一分钟，姐姐就把玩具送给妹妹玩，并告诉妹妹“玩一会儿你要还给我”，妹妹说“好的”，两个孩子马上又和好如初了。

孩子学舞蹈时，一位新来的老师在帮她按压脚部的时候，孩子突然感觉很疼，就大声吵闹着责怪老师。孩子情绪失控，老师也很尴尬。随后的两节课，这个老师都不敢来指导她，一时不知所措。我知道后，告诉孩子，老师肯定有不对的地方，你对老师的抱怨也有一定的道理，但是，是不是你对老师的反应过度，当着那么多同学的面呵斥老师，老师也不知道怎么办才好，才使你和老师、同学处境非常尴尬？爸爸相信你知道该怎么办，并能处理好和老师的关系。事实上，孩子见到老师打个招呼，向老师问个好，甚至不用向老师道歉，老师就能理解、原谅孩子了。

把“不能因自己的处理方式使矛盾激化或升级”当作与人相处的原则，实质上就是帮助孩子在大脑里设置一个警铃或提醒程序，遇到问题时能够自发地进入自省机制，对事态有个恰当的认知，从而富有理性地处理问题。起初不能对孩子有太高的要求，就算是成年人，真能做到这点也属难得。

作为家长，我们有责任帮助孩子建立起自省的机制，提高认知理解能力。只有让孩子进入健康成长的轨道，步入社会后他才能营造和谐的人际关系。

自知力是对所处环境做出的本能的恰当反应，是情商、智商的综合体现，是所有能力中的核心能力。学习成绩再好，专业素质再高，经营能力再强，自知力不足迟早会栽大跟头。

第三节

能言善辩或弄巧成拙

子曰："君子耻其言而过其行。"

言过其行，就是话说得很大，事办得不行，或者所说的超出了自己的实际能力。不是他说了不想做，而是根本做不到。因此要"先行其言而后从之"。言行一致是为人处世的黄金法则，夸夸其谈，言行脱节，"巧言令色"，最终得不偿失。

共享单车的成功，激励很多人谋求通过"商业计划书"融资创业，认为"君子耻其言而过其行"过时了。其实，这句话仍然有很强的现实意义，一点都没有过时。共享单车模式是"言行"相互印证的成功案例。其商业模式是通过高科技大数据计算模拟得出的，是可行的，因此共享单车商业计划融资成功了。大数据计算模拟的过程就是具体的"行"，只不过实践是通过科技手段来进行的。所以，任何商业计划书，只是"言"，只是计划，而没有"行"，缺乏对结果的科学分析、验证，就此指望得到市场的认可获得巨额融资，肯定是不切实际的，是痴心妄想。

能言善辩固然是出色的能力，但一定不能脱离实际。以事实为基础的善辩是推广策略，脱离常识的善辩是忽悠，甚至是诈骗。比如，非法融资平台，极尽忽悠之能事，说什么保证能盈利，三年后百倍回报。介绍朋友投资分享高额折扣，利用传销的模式，让人上当受骗。最后受骗的人蒙受巨额损失，但逞口舌之能忽悠人上当的人也要承担法律责任。比如，宣称“零成本购物，消费金额全返”的“云联惠”出事了。广州警方成功摧毁“云联惠”特大网络传销犯罪团伙，黄某等多名主要犯罪嫌疑人在行动中落网。

“巧言令色者，鲜矣仁”，这是洞察世界的一条处世经验，粉饰得越美，承诺得越多，可能背后的动机越邪恶。

一个企业有各种报表。上市公司往往会通过各种技巧粉饰报表，有些转移利润，有些掩盖重大经营风险，因此，能否通过分析公司报表了解公司真实经营状况将决定投资的成败。巴菲特非常善于看公司的财务报表，并针对不同的行业、公司所处发展阶段，通过某些特定财务指标了解公司真实状况，如现金流分析法、股票债券估值分析法、留存收益率、存货周转率等。他甚至直接通过观察市场上流通商品的出厂日期，来了解公司商品是否畅销，侧面验证企业的财务状况是否真实。

言行一致，是处世黄金法则。为人处世要做到言行一致，人际交往中也要留意对方是不是言行一致的人。

第四节

做人如水，做事如山

子曰：“知者乐水，仁者乐山；知者动，仁者静；知者乐，仁者寿。”

《周易·系辞上》：“乐天知命，故不忧。”孔颖达疏：“顺天道之常数，知性命之始终，任自然之理，故不忧也。”

智者乐水，仁者乐山，应该是智者之德从水之道，仁者之德从山之道。

孔子云：“水有五德，有德、有义、有道、有勇、有法，君子遇水必观。”意思是水长流不息，惠及一切生物，有天之德；流必向下，不逆成形，有方有长，必循理，有义；浩大无尽，好像有道；流几百丈山间而不惧，好像有勇；安放没有高低不平，好像守法；量见多少，不用削刮，好像正直；无孔不入，好像明察；发源必自西，好像立志；取出取入，万物就此洗涤洁净，又好像善于变化。水有这些好处，所以君子遇水必观。

山的自然风貌是雄伟、高大、稳重。山的外相是怪石嶙峋，深处却包承矿藏。从远处望去，林木秀丽，层峦耸翠，重峦叠嶂，不乏秀美，似有水之形。

作家文道说，做人应如水：能适应任何环境，就像水一样，能包容万物，本身却非常纯净；做事应如山：要踏踏实实做事，像山一样稳重，像山一样给人以信任之感。这是对“智者乐水，仁者乐山”的准确诠释。

子曰：“知者不惑，仁者不忧，勇者不惧。”孔子说：“聪明的人不迷惑，仁德的人不忧愁，勇敢的人不畏惧。”智者像水一样能包容万物，适应任何环境，洞察因果，所以才能够不迷惑；仁者像山一样稳重，像山一样给人以信任，所以无忧无虑；做人如水，做事如山，所以勇毅者能临危不惧，方寸不乱，从容善断。孔子认为不具备“知”“仁”“勇”这三点不能称之为君子，这也成为后世衡量君子的三个核心指标。

第五节

追求大我也要追求小我

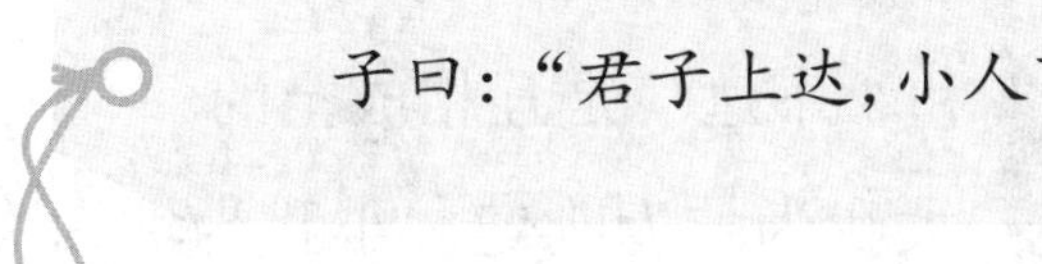

子曰：“君子上达，小人下达。”

君子之道形而上，小人之道形而下。“仁”已成体之人会自发地追求高尚，而一般人容易安于现状，具体表现为“德之不修，学之不讲，闻义不能徙”。仁未成体之人不自觉地会被“低级趣味”牵着走，生活作风懒散，没有骨气，随波逐流。游戏本是愉悦身心的，有的人不能节制，结果养成毛病，游戏成瘾，荒废学业。不是“吾十有五而志于学”而是“吾十有五而沉溺于玩乐”，这样的人整个人生大概也就是 “三岁看大，七岁看老”。

毛主席说“人是要有点精神的”，不然，不但生活会空洞乏味，自己也会陷入困顿。

“北辰，居其所而众星共之。”北辰以“形而上”的君子的大仁大德发挥领导作用，而处于从属地位的“众星”，在各自的位置体现自身的价值，因此“北辰”与“众星”共同呈现出璀璨的天体有序之象。“不在其位，不谋其政”，同理“各有其位，各谋其政”，不处君子之位，不要盲目追求“形而上”，完成本职工作，尽到自己的责任，也是“君子之德”。

真、善、美离不开具体的表达载体，伟大的艺术家是通过伟大的作品来展现其伟大的，艺术必须“下达”为具体艺术作品或具体的表现形式。“上达”和“下达”是互相成全的。

君子是大我，小人是小我；大我为乾为刚健，小我为坤为柔顺；大我为梦想，小我为现实；大我为规划，小我为行动；大我为大节，小我为小节；小我成全大我，大我指引小我。

要追求大我，先要成全小我。

第六节

怎样面对逆境

在陈绝粮，从者病，莫能兴。子路愠见曰：“君子亦有穷乎？”子曰：“君子固穷，小人穷斯滥矣。”

红军长征，即使遇到天大的困难，也决不侵犯人民利益，诠释出伟大的人格。红军长征表现出的仁义，乃历史罕见，红军是名副其实的仁义之师。越是困难的时候越要坚守道义，具备伟大的人格才能成就伟大的事业。

“不仁者不可以久处约，不可以长处乐。”德行修养不够的人，不能长久地过穷困的生活，也不能长久地过安乐的生活。在穷苦恶劣的环境中，人容易生乱，不安分守己；在安逸的环境中，人也容易懒惰，骄逸奢侈，这就突出了“仁”的重要性。

怎样面对逆境？

人不可能一直处在顺境中，当陷入逆境，一时难以走出困境的时候，耐心、毅力、信仰非常重要。相信“君子之道”最终能指引自己走出困境，才能更好地践行君子之道。仁为君之本，越是在困顿的时候，越不能放松对仁德的修行。人各有命，命运本身也有波折起伏。走运的时候，抓住时机尽情地发挥自己的才能；背运的时候，要善于运用自己的智慧，少犯错误，知命而为，先做好力所能及的小事，等待时运的转折。

第七节

善于从现象中总结规律

子曰："朝闻道，夕死可矣。"

把"道"解释为"仁义之道"，把"死"解释成为"仁义之道"而死，懂得了"仁义"的道理，就应该用自己的一生去实践它，有时为了捍卫它，甚至不惜牺牲自己的生命。从封建王朝统治的角度来说，这是非常完美的解释，比如清政府以忠君、尊孔、尚公、尚武、尚实"五端"为教育宗旨，加上对"杀身以成仁""舍生而取义"的宣扬，因此就形成了"扶清灭洋"义和团运动的社会政治文化基础。这看起来有些荒唐，但"明白一个道理，死了也值得"的逻辑依然很盛行。

我们的祖先最早以为地球是四方的，后来认识到是圆的，最后确认是椭圆的。但是宇宙间确实有各种各样不规则的星体，地球本身也是运动变化的，经过若干年后或许会变成圆形。宇宙没有绝对的真理，道的正确性是相对的。为真理而死，本身的前提都不成立，为所谓的"仁义"而死岂不是更要三思？

为什么说宇宙没有绝对的真理？这个证明也没有想象的那么难。我们的祖先早就告知我们，独阳不生，独阴不长，阳极阴生，阴极阳生，没有阳中无阴、阴中无阳的事物存在。因此，任何真理一定包含非真理的成分，没有绝对的真理，真理是相对的。

生活中，我们常看到太极图。太极图里面白色部分和黑色部分很像两条鱼，这两条鱼象征阴、阳发展的轨迹。细小的部分是鱼尾，中间偏大的是鱼身，最大的部分是鱼头，形状就像是一条鱼，实质上它呈现的就是阴阳发展的轨迹。通过这个轨迹就可以清晰地看出阴阳的变化规律。太极图里不但有两条鱼，还有鱼眼。白色鱼头里面有一只黑色的眼睛；黑色鱼头里面有一只白色的眼睛。这两只鱼眼巧妙、生动、形象地阐释了阴中有阳、阳中有阴，阳极阴生、阴极阳生的客观规律。阳发展到极盛程度就会转向阴，阴发展到极盛程度也会引起阳的变化。

太极图里面两条鱼清晰地告诉我们，所有事物都是变化的，变化都有轨迹、规律。我们所自以为明白的道，就是事物发展变化时的轨迹和走势。

“朝、夕”是古人认识事物发展变化时所总结的“周期”规律。比如早上日出，傍晚日落，日出而耕，日落而息等。事物发展变化在轨迹上往往呈现出周期性。除此之外，“朝、夕”还有“晨昏二点”的作用，早上 6 点晚上 6 点，把一天分为黑夜和白天。黑夜和白天应该是最早的时辰概念，“朝、夕”还是古人认识事物的二分法。二分法或二元论是中华智慧思想的

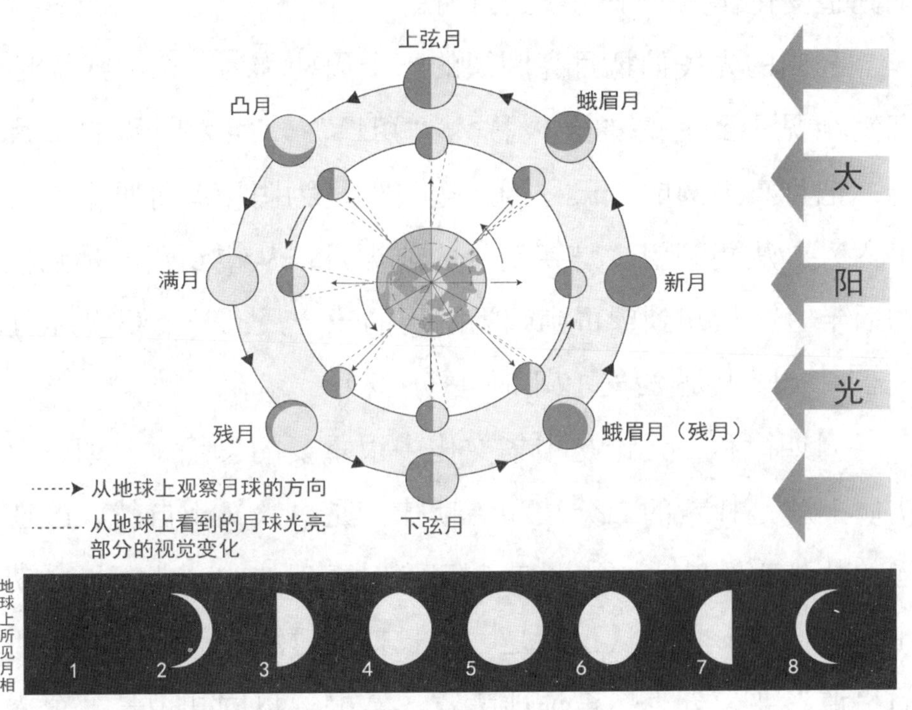

基石。

比如古人根据月亮盈亏的周期性变化而总结出历法。月亮是周期性变化的，从一点亮度没有，随着一天一天的变化，月亮开始出现亮度，然后呈现出一个半月。再从这个半月的状态慢慢变成一个明亮的圆月。最后，由极盛饱满的状态，开始慢慢向半月发展，再从半月向完全没有亮度发展。因为这个变化的直观性、真实性，所以，古人根据月亮的盈亏变化，推理出月亮大概 29天完成一次完整的由亏到盈再复亏的过程。也正是因为这个月亮变化的规律，古人将其归结为月，即以月亮的一次完整变化作为一个完整的月份。

我国的先民们把月亮圆缺的一个周期称为一个“朔望月”，把完全见不到月亮的一天称为“朔日”，定为阴历的每月初一；把月亮最圆的一天称为“望日”，为阴历的每月十五（或十六）。从朔到望，是朔望月的前半月；从望到朔，是朔望月的后半月；从朔到望再到朔为阴历的一个月。一个朔望月为 29天半，实际上是 29天 12小时 44分 3秒。

周期律和二元论是中华文化中很重要的思想。“朝、夕”实质上就是朴素的二分法和周期律，是古人认识自然、改造世界的朴素辩证法。古人早就认识到对真理的验证非一日之功，比如对地球形状的认识就是一个长期的过程。因此，对于所闻的“道”要一分为二辩证地考察、掌握。巩固知识是一个周而复始反复验证的过程，早上听到一个道理，晚上就认为完全明白，是很草率的，是不严谨的，甚至是可笑的。

从《孙子兵法》上理解，死守是为了更好地生存。死守很显然不是让人无辜去牺牲，其目的是能更好地活下来保存实力。打仗如此，学道更是如此。如朝夕相处恰指长相厮守，“朝闻道，夕死可矣”并不是强调一天的时间，而是周而复始长期地“学而时习之”，直至巩固并能应用所学。这个“死”不是“为什么而死”，是“使什么而死”，朝闻道，使道夕死，使道理“死”在心里，升华为智慧，才能为人正确地运用。

实践、验证一个道理非一朝一夕之功，比如中国历法的发展规律，就是先民通过长期的生活观测总结出来的，是集体智慧的结晶，是一个周而复始不断循环的验证、提高、发展、完善的过程。人类通过这个过程使道无限地接近真理，并掌握这个真理用于指导人类的生活及生产活动。当然实践真理并不会一帆风顺，有时会为此付出生命的代价，比如哥白尼发表了日心说这个理论，得罪了当时的教会，被迫害致死。

对于学生而言，“朝闻道夕死”，就是在时间上做好有规律的学习安排，养成一分为二的思维习惯，学会辩证地思考事物，使知识牢固于心。

第八节

志于士，首要志于仁

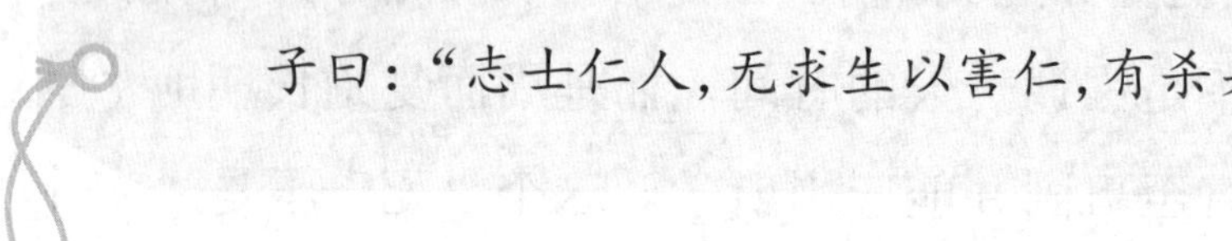

子曰："志士仁人，无求生以害仁，有杀身以成仁。"

孔子这句话被后人理解为"杀身成仁"是不够准确的。

在孔子的时代，士的意思是事，就是要干出一番事业的人，后来把统治阶级里有能力有作为的人称为"士"。

子曰："苟志于仁矣，无恶也。"如果说这句话是教科书式的"理论"，那么"志士仁人，无求生以害仁，有杀身以成仁"就是社会实践。

古代社会结构不像现在那么复杂，人们就业面非常窄，没有多少选项，那么怎么才能成为对社会有用的人？怎样才能干出一番事业跻身上流社会？最直接最快捷的方式就是早日成为"士"。

要成为士，首先要志于仁。但只志于仁还不行，教条主义的"仁"主张"无恶"，主张放生不杀生。如果被教条主义的"仁"套住脖子，做起事来畏首畏尾，在现实生活中是干不成大事的。

志于仁之人有知识有能力，掌握了时代发展所要求的知识结构之后，就要志于士。要干出一番事业，在社会中找到立足之地，就不能一味信奉“无恶”。这就涉及一个用“仁”的问题。理论联系实际，结合实际情况，灵活运用“仁”。“仁者，能好人，能恶人”，这就要求杀伐果断。有智慧的人，首先是能够保证“正确”，因此杀伐可以果断，该无求生就无求生，该有杀身就杀身。

志于仁，成为“仁者”，然后用“仁”以成事，顺理成章地成为士，从而在社会上有立足之地。在孔子那个时代，志于仁、志于士并不一定从事死亡游戏，以勇成士不是普遍现象，勇士只是社会阶级士的一种，士并不必然要通过死亡来考察和认证。

“仁者，爱人”，志于仁之士一定无限热爱生命，爱惜自己也爱惜其他一切生灵。具备仁之基础方能对社会释放更大的正能量，“杀身成仁”只是特定环境特殊情形下的无奈之举，并不能作为普遍意义去解释孔子关于志士仁人的思想。

怎样给孩子讲老一辈革命家的故事

在孩子的教育问题上，很多家长对老一辈革命家的牺牲精神采取回避的态度，有的甚至公开要求让刘胡兰这样的英雄人物离开课堂。作为一个父亲，我开始确实也有这方面的担心。

那么怎么讲、讲什么对孩子心智发育更好？

其实革命前辈敢于牺牲的精神，是非常宝贵的大公无私的精神教育财富。需要明确的是，精神教育在孩子不同年龄段应达到什么教育目的，对孩子的思想构建起到什么作用，或者说革命前辈的英雄事迹对孩子的心智发展有哪些具体帮助。

教育部门对革命前辈的事迹宣传，具体要达到的教育目标不清晰，这是引起家长误解的根本原因。宣传革命前辈的革命故事，不要刻意渲染暴力场面，不要直接引入暴力革命场景。让懵懂的孩子体验暴力革命场景，对孩子心智发展并不一定有好处。家长的这点担心并不是毫无道理，文化教育部门不能一驳了之。对这一社会现象应该深入研究，消除家长的忧虑。

当时暴力革命是促进社会发展的必要手段，英雄人物为社会公平正义敢于担当，为追求社会的更大进步而进行暴力革命是不可回避的方式。英雄事迹在当下的社会意义就是表现英雄勇于担当社会责任，培养孩子参与社会发展的公民意识。

现在孩子们的社会责任是什么？首先是具备一个健康的身体。有健康的身体才能好好学习，掌握科学知识，长大后才能具备时代发展需要的知识结构，才能更好地承担起社会责任，为社会发展贡献力量。

现在的社会是个秩序井然的法治社会，公平正义问题可以通过法律途径正常解决，采取暴力手段威胁他人反而会受到法律制裁。暴力已经成为社会公平正义的公敌。时代背景发生了天翻地覆的变化，一定要活化知识，注重场景效果。因此，孩子们要有安全意识，反对暴力。

在宣传革命先辈的故事的时候，一定要做好历史背景的铺垫，讲清楚现代中国历史，在历史里讲革命故事，突出先烈们勇于承担社会责任的担当精神、公民意识、创业精神、奉献精神，为社会公平正义发展不怕辛苦、不怕牺牲的励志精神。割裂历史背景给孩子们讲革命故事，尤其是突出暴力血腥场面的宣讲，不但起不到爱国教育的作用，反而可能会给懵懂的孩子带来负面影响，不利于孩子“仁”性养育，这点在小学教育中尤其要注意引导。

第九节

“使人”贵在成全人

子曰：“民可使，由之，不可使，知之。”

对于这句话的解释，争议不断，至今没有定论。以下两种分析，是主流观点。

子曰：“民可使，由之，不可使，知之。”意思是：庶民可以做事，就让他们自己去做，不能做事，就教会他们做。

郭店楚简在《遵德义》中说：“民可使道之，而不可使智之；民可道也，而不可强也。”意思是庶民可以做事，就引导他们做事。庶民不可以做事，就教导他们做事。庶民可以引导，而不能强迫。

我们从《论语》本身再来考察一下孔子“使民”的思想。

子曰：“道千乘之国，敬事而信，节用而爱人，使民以时。”“使民以时”的“使”就是号令的意思，使民以时反映出中国自古主张轻用民力，适时适度征役民力的治理思想。成功地使民是有条件的，首先要强调的就是“以时”。若不以时使民，则会引起民怨。另外，也存在不可使的情形，因此，民分为可使与不可使两类。

“君使臣，臣事君，如之何？”孔子对曰：“君使臣以礼，臣事君以忠。”这里使与事相对，都是动词，使，就是使唤的意思。使臣与使民在语法结构上一致。

子谓子产：“有君子之道四焉：其行己也恭，其事上也敬，其养民也惠，其使民也义。”从这里明显可以看出，养民和使民，是君子治民的两种方式。养民是为了更好地使民。

仲弓问仁。子曰：“出门如见大宾，使民如承大祭。己所不欲，勿施于人。在邦无怨，在家无怨。”仲弓曰：“雍虽不敏，请事斯语矣。”“使民如承大祭”就是使民之道。“己所不欲，勿施于人”，就是强调使民“不可强”。

“雍也可使南面”，这里的“雍”是指冉雍，他是孔子的弟子，比孔子小 29岁，是春秋末期鲁国陶（今山东定陶）人。冉雍，字仲弓，品学兼优，为人宽宏大度，孔子对他的评价很高。古代以坐北朝南为尊位，所以帝王、诸侯见群臣，或者卿大夫见僚属都是面向南而坐。因而，就用南面指代居帝王或者诸侯、卿大夫之位，同时也泛指尊位或者是官位。

“雍也可使南面”意思就是“雍是能堪当大任的人”。孔子用“南面”意在强调突出雍之雄才大略非等闲之辈能比。对于一般人来说，就是“民可使居上者”，因为民只可能被比民地位高一级的“居上者”管理，因此“民可使”其实就是“居上者使可使之民”。

子曰：“上好礼，则民易使也。”上即居上位者，担负治民责任的直接管理者。意思是管理者能做到“己所不欲，勿施于人”“使民如承大祭”，那民就很愿意，并主动地服从居上者的号令。“民易使”意在突出强调居上者高超的领导艺术。“民可使”以区别于“不可使”，是管理的一般状态。如果把“民可使”换成“民易使”或许能帮助我们更好地理解。

子曰：“民易使由之，不易使知之。”意思就是上位者使民易则由民，不易使则知民（使民知）。

上文提到，民分为“可使”和“不可使”两类，其中“易使”包含于“可使”一类。那么对于不可使之民怎么办？就是使之知。那么为什么要使不可使之民知呢？答案是“民学道则易使也”。

子之武城，闻弦歌之声。夫子莞尔而笑，曰：“割鸡焉用牛刀？”子游对曰：“昔者偃也闻诸夫子曰：‘君子学道则爱人，小人学道则易使也。’”子曰：“二三子！偃之言是也。前言戏之耳。”

子游遵照孔子的教诲，来治理武城。子游使用的具体理论就是孔子所讲的“君子学道则爱人，小人学道则易使也”。对于不可使、不易使之民应该让他们学“君子之道”，促使他们尽早

明白做人的道理，从而更好地服从居上者的管理。因而，子游用孔子“兴于诗、立于礼、成于乐”的教育理论，用音乐和歌舞的形式感染、净化人民的性情，启蒙人民的心智，教化人民的思想。这个过程也就是“民可使由之，不可使知之”的例子。

君使臣以礼，天子差遣大臣还要以礼相待，更何况居上者使民。因此孔子认为居上者使民，在态度上应“如承大祭”，在具体行事上应做到“己所不欲，勿施于人”。如果在日常行事中能做到上述两条，那么在社会能工作顺利，在家能和谐幸福。孔子使民的思想，饱含为人处世的哲学。

如果我们在日常生活中，与人相处时，能够充分尊重对方，不勉强别人，不向别人提出不适当的要求，那么就能维护好人际关系。

使民以时，学、习以时，孔子主张以时用道。时包含时间和空间，要抓住时机，因地制宜，适宜有度地行事。如果在不合适的时间、不适宜的空间使民，那么有可能会导致可使之民不可使的情况出现。即使在合适的时间和空间行事，也要把握度，使民时不能使民劳役过度。如果群众自发主动地服从你的号令，那么就不要再过多干预他们，鼓励支持他们自行经营，这样反而能激发他们的潜能，从而创造出超预期的业绩。

“三人行，必有我师”，这个就是学、习的时机，要抓住时机“择其善者而从之，其不善者而改之”。

“恶不仁者，不使不仁者加乎其身”，见到不仁的人，不但不与他来往，还要防止他身上的毛病在自己身上出现。这个也是强调学、习的时机。

时，在孔子思想里面是个很重要的概念，如果时机把握不好，可行的事情则可能转化为不可行。

“民可使由之，不可使知之”，把孔子使民的思想，用于炒股，则是“股可炒买之，不可炒弃之”。

某只股票可以炒就买，不可以炒就不要理会它。某只股票之所以可以炒是建立在一套逻辑严谨的分析系统上的，而某只股票不可以炒，也能清晰地知道不可炒的原因。炒股一定要掌握股票走势的客观规律，而不可以任性、自以为是、凭直觉买卖，凭情绪买卖股票一定会一败涂地。

“使民如承大祭”，那么在态度上应视炒股为一生的事业，炒股操作的是人生而不仅是一时的盈亏。不要轻易地向别人推荐股票，也不要轻易地相信外来的消息。股评家从来不是 “己所不欲，勿施于人”的，市场呈现的多是假象。

孔子的使民思想，借鉴于资本市场一样有很高的参考价值。同样也适用于人际关系的经营、管理。孩子要不要炒股这个问题看家长怎么想，如果以这个理念炒股，那么炒股就可以帮助孩子更好地理解做人的道理，就可以一举两得。

第十节

科学决策要靠制度

子曰："为命，裨谌草创之，世叔讨论之，行人子羽修饰之，东里子产润色之。"

这是孔子借用国家政务运转的具体过程，阐释解决问题的一般性规律。起草、讨论、修饰、润色，概括总结解决问题的两个基本原则：一是分工、协作；二是建立科学的决策机制，并依照决策程序行事。

两千年前孔子就已经有分工、协作的思想。分工、协作就是承认人有社会分工的不同。社会要正常高效地运行，就要把每个人分配到适宜的岗位上。行人子羽、东里子产，两个人各有所长因而分工不同。行人是官职，东里是地名，因而没有可比性，意在强调在社会分工上只是协作角色不同，没有地位或职务高低贵贱之分。从这个层面理解，不应该以贵贱把人标志或区分为君子或小人，每个人都有君子和小人的两面性情，不能以君子和小人作为分工、协作的用人标准。

正确的决策要靠科学的运行机制，一定要遵照事物的内在规律制定决策程序，并按程序办事，这样才能保证决策的可行性、有效性、正确性。

为什么要分工、协作，为什么一定要按程序办事？程序为什么那么重要？

根本的原因就是“君子而不仁者有矣夫”的客观现实。从这点上看，孔子思想是关注当下的，他是现实主义者。

所谓“以德治国”应该是依托于分工、协作有效决策体制而行的，通过科学的决策程序保障实施决策的每个人不犯“不仁”的过错，保证决策的结果及实施是理性的，在此基础上弘扬“仁德之道”。

“君子学道则爱人，小人学道则易使也”，从而实现政令畅通，国泰民安。俗话说“没有规矩不成方圆”，决策体制就是规矩，仁德就是追求圆满。

因此，一个人要胜任角色，就要具备分工协作的意识，养成按规定、程序处理的习惯。比如办公室工作，具有决策的参谋和智囊的作用，地位非常重要，但烦琐事务又很多，就内部分工来说，有收发、查办、接待、调研、信息、文印、机要、档案等各项事务性工作。

怎么样做好办公室工作？

首先摸清工作的运行程序、规章制度、文件管理、党务要求等基本事项。按照分工及流转程序分类、记录确定上下沟通协作的具体细节及方向，明确自己的具体职责范围。事情越多越烦琐，越要按“轻重缓急”归类、组织、记录，做到不忘记、不慌乱，同类工作集中做，不顾此失彼，严格按照程序处理。俗话说：“给你一条鲸鱼吃，你怎么吃？”答案就是“一口一口吃”。

再如，学校或班内组织活动，该怎么组织？

第一步，制订详细的活动计划，应当包括活动举办的时间、地点及活动持续时间，集合的时间、地点，活动经费预算等具体事项；第二步，与同学和老师商定细节，确定方案后报备学校管理部门；第三步，明确活动进程，确定好活动主持人、发言人、参加人；第四步，布置活动现场，贴好标语、横幅、海报等，安排好座次，准备好活动必需的零食、水果及饮用水等后勤保障工作；第五步，制订好安全紧急事件应对方案；第六步，按计划方案实施；第七步，做好活动总结，向老师和学校汇报活动成果。

规矩成就秩序，文化成就圆满

现代管理的决策程序包括确定决策目标、拟定备选方案、评价备选方案、选择方案、执行方案、回馈评估方案，与“为命、草创、讨论、修饰、润色”的流程相通。从古到今人们都在追求完美的决策程序，但核心的决策环节是一致的。

一个有效的机制，必须有明确的分工，紧密的协作，这是管理事务的前提条件。从国家治理上讲，法律和秩序是治理的基础，在此基础上实行以德治国的理念，这才是正确的“教之以德，齐之以礼”。

这点对家庭治理的启示意义在于，一定要有基本的家规，但不能用家规塑造人，育人的根本在于家庭文化，家庭文化才能使人品格圆满。

据报道，美国华裔青年华某某，母亲是著名学者，父亲是成功的企业家，他也曾是南加州大学的高材生，科学奥林匹亚赛的冠军。然而他在读大学的时候竟受诱惑加入了美国黑帮，身陷枪击、谋杀、毒品的活动，险些丧命，被捕后在监狱中度过了 11年。出狱后，他说自己之所以加入黑帮，是因为与父母的关系出现障碍，也因为曾在学校受到排挤。如今，他想用自身的经历警示在美国留学的中国学生，远离黑帮诱惑。

这个家庭的父母和孩子都非常出色，但是孩子脱离家庭进入社会却出了问题，走上了犯罪的道路。根本的问题是家庭文化的亲和力不够，侧重于孩子的能力培养而忽视了孩子的品格塑造。

近年来，源自西方社会的“与孩子做朋友”的教育观点很流行，有很多家长以此作为与孩子相处的原则，讲究公平、公正、平等。这种思想是很宝贵的，但是一定要注意到这属于“以德治国”的范畴，它必须依附在基本的家规的基础上才能发挥得更完美。父亲、母亲、孩子在家庭中的分工不同，家长起统领作用，有责任有义务匡正孩子，如果弱化了家长的角色，反而不利于孩子的心智健康成长。

如果把家庭经营得更美好当作“为命”，那么孩子的任务就是保持身体健康，学业有成，应该让孩子充分理解自己的家庭责任，家长和孩子一起协作，都很好地扮演各自的角色。仅此而已还不行，要使家庭美好必须有健康的家庭文化，比如能与孩子做朋友，家庭成员之间是相互理解的，对各自品格的完善相互起到推动作用，那么这个家才能长久地其乐融融。

第十一节

人不能以标签而标志

子曰："晋文公谲而不正，齐桓公正而不谲。"

朱子在《论语集注》中说："晋文公，名重耳。齐桓公，名小白。谲，诡也。二公皆诸侯盟主，攘夷狄以尊周室者也。虽其以力假仁，心皆不正，然桓公伐楚，仗义执言，不由诡道，犹为彼善于此。文公则伐卫以致楚，而阴谋以取胜，其谲甚矣。二君他事亦多类此，故夫子言此以发其隐。"

历来注家皆以晋文公不如齐桓公为解，《经义述闻》独标一说，认为"守正为齐桓之所长，权谲为齐桓之所短"。

人们习惯于纠缠是非，对名人尤甚，非要把晋文公、齐桓公扒几层皮不可，想看清楚他们到底是什么样的人。人们习惯对好人进行完美的考究，对坏人一定得彻底地否定。按此逻辑，晋文公诡诈就不能正直，齐桓公正直就不能诡诈，非要给人贴上一个标签才解气。其实，人根本不能以标签而标志。

中国文化历来存在一个很有意思的现象，往往把正直与诡诈对立起来，正义与邪恶势不两立。比如《西游记》中的唐僧是正直且正义的化身，说话只能直来直去不可以诡变，甚至连善意的谎言都不允许说，处世更不能有丝毫的邪念；《水浒传》里的梁山好汉是侠义的化身，遇到不公忍气吞声被认为不是男子汉，拔刀相助才算讲义气。

生活中也是如此，一个平常很优秀的人，只要做了一件不好的事情，社会的焦点只会放大他的过失，人们会自发地把所有不利的证据捡过来堆积在一起，在他优秀的标签上贴上一个更大的坏人的标签。

其实，人具有君子与小人的两面性情，有正义但也会有邪念，是正直的同时也是诡变的。

以此推理，对晋文公、齐桓公可以有更人性化的解读：晋文公的优点是处理具体事情时善于权谋，但缺乏大格局思维，考虑不周全，容易引起非议；正义的力量是强大的，有的时候正义就是最大的谋略，是最有力的回击武器。齐桓公有大局意识，长于假借道义，讲究“师出有名”，就是善于借用道义的力量，但具体实施时又疏于谋略，兴师问罪虽名正言顺，但时机不对或方式方法不妥，同样也会引起不满。

从做人处事的角度，正直与诡变也有一个平衡的问题，正直与诡变相和谐才显得“文质彬彬”。晋文公擅长谋略，但其格局不高，不顾及正统礼制，弄巧成拙。齐桓公有大局意识，注重名声，但不擅长谋略。因此，我们要学习晋文公的谋略、齐桓公的格局。

要正直也要谋略

如果只重视人格的修养而忽视做事的方式方法，那么就容易犯下“懂而不会”的毛病，说得头头是道，做起事来一塌糊涂；如果一味追求计谋，把成功寄托给“厚黑学”，而忽视品格的修养，为人处世处处算计，即使一时得势，也经不住时间的检验，最终落个“真小人”的下场。

品行正直，要懂得变通，遇事讲究方式方法，胆大更需要心细。性格过于细腻，则要善于借用勇敢果毅的力量，提升格局。

解决具体问题侧重于谋略变通，但与人交往时必须讲究品格。如果一个团体组织陷入钩心斗角的境地，应当立即退出，这是典型的负和游戏，最终都会受到伤害。一开始就知道最终结果是没有赢家的游戏为什么还要去玩呢？

有人或许会说，信守正义太难了，做人善良太累了。那好，把标准降到最低，划出自己做人的底线并坚持。最低标准不外乎两条，一是道德的底线，二是法律的底线。再低就没法做人了，其实做人还是蛮容易的，并没有那么复杂。

但是，人容易犯糊涂，抵挡不住权力和金钱的诱惑，就会突破自己的底线，使自己陷入万劫不复的境地。比如，最近网络传出上海某银行上演“后宫甄嬛传”事件，总行金融市场部门是权力、利益聚集地，为争取权力和利益，分行的女同事竟然对总行某领导实行“甄嬛传”计划，上位晋升不是靠能力而是靠美色和性贿赂。任何单位组织只要陷入钩心斗角的恶性循环，最后都会失败。随着矛盾的升级事件发展到两方在社交圈公然互骂，震惊了金融圈，也引起社会广泛关注。最后，所有当事人落得身败名裂的下场，谁也没占到便宜，受的伤害却很深，小则丢失工作，重则妻离子散，严重的或有牢狱之灾。

真正的强者，是战胜自己的人。做人必须要有底线意识，一味追求权力和金钱，丧失做人的尊严，突破法律的底线，就是利令智昏。

第十二节
一切事物最终表达为时间轨迹

子在川上曰："逝者如斯夫！不舍昼夜。"

朱熹《四书章句集注》将这句话的意思概括为四个字："进学不已"，大致意思是活到老学到老，追求知识，勤奋学习，应永不停歇。这样的治学态度与"学而不厌"的精神是一脉相承的，时至今日仍然值得我们借鉴、学习。

逝者指的是类似于黄河、长江之类的事物。黄河、长江直观的特点就是永不停歇地流逝。时光就是如此，时光如流水，无声无息，稍不留神就会错过最美好的青春时光。所谓"青春易逝、韶华难再"正是这个道理。这句话时刻提醒我们，在现代快节奏的生活中尤其要珍惜时光，珍惜亲情，珍惜同窗好友之缘，珍惜朋友之谊。

黄河、长江最终的目标是奔腾入海，汇聚于汪洋。河水有时平静，有时荡漾，弯弯曲曲，但源源流淌决不回头。意志坚定、不舍昼夜地行动，认定大海的方向，流淌就能汇成海洋，这份信念、执着、激情，给人类树立了发挥主观能动性最好的榜样。“进学不已”就是川流不息。

日月运行，昼夜更始，往一日去一日。地球不舍昼夜围绕太阳呈椭圆状轨迹运动，每次运动的轨迹高度吻合但绝不一样。因此，时间运动虽有周期性，但绝不是简单重复。“去年今日此门中，人面桃花相映红”，今年今日“人面不知何处去，桃花依旧笑春风”。在时空的周期性运动过程中，不同事物呈现不同轨迹的变化，比如桃花“依旧笑春风”，而飘忽不定的人已离别桃花而不知身在何处。

历史也是“逝者”，历史的车轮滚滚向前。阅读历史可以帮助我们更好地认知未来。有些历史事件影响非常深远，比如对比1864年的中国与美国。两个国家都发生内战，中国太平天国运动失败，美国南北战争基本结束，但性质完全不同。美国内战是资产阶级革命，是新生阶级推翻旧的阶级。在发展的格局上，是新生产力战胜旧生产力，是生产关系的完全变革，实现了质的飞跃。这是美国后来成为世界霸主的历史基础。而中国则完全陷入长达百年的衰败。

一个具体的事件短期影响看似不大，但放到五年十年的长周期里看，其产生的影响会逐渐凸显。比如美国总统特朗普实行美国优先政策，限制自由贸易，而中国、欧洲诸国依然倡导自由贸易。目前世界格局暂时未发生明显变化，但美国的政策必然会引起世界格局发生新的变化，这种变化五年十年后会更明显。

当有能力拿走整块蛋糕的时候，一定给别人留下足够的部分

没有人不受政治现状的影响，不了解社会发展，没有足够的政治觉悟，很难有高质量的生活。近些年来，有些人富贵之后过度信赖资本的力量，盲从资本自由和市场自由，总想实现自身利益的最大化，无视大众的利益。这一现象除在食品安全、环境治理方面表现尤为典型外，近两年资本市场的这一问题更为严重。

我们国家的根本制度是人民民主专政，人民的利益是最大的基础盘，当资本和市场发展过度失衡的时候，就可能加剧与大众利益的矛盾，反过来必然要受到国家和人民的惩治。原本受人喜爱的影视大腕们，一旦涉嫌参与偷税漏税侵害国家利益的非法活动时，其为富不仁的行为往往被普通大众加倍憎恶。

做人做事一定要把自己放到一个社会时代的大环境里，当有能力用杠杆撬走整块蛋糕的时候，一定要留下其他人能吃饱的份额，不然你不但拿不走整块蛋糕，反而连你填饱肚子的蛋糕也会丢掉。这也是人类社会周而复始发展恒久不变的道理。

认知规律的输出机制

关于周期循环的问题，还可从数学的角度来深入理解。比

如，我们知道今天是5月24日，把这具体日期当作一个元素，经过一年之后又到了5月24日，这就是年月日的算法。对于一个有限的元素集合，通过函数运算得出相应有限元素新集合，那么我们就知道，第一个集合中的元素a出现，则运算的结果肯定是A，A必然在另一个集合里出现。同样道理，知道第一个集合元素b，就能确定另一个集合元素B一定会出现。这种算法在高等数学里的概念叫算子，对于一个封闭的系统，算子存在特定现象，就是一个元素经过若干个算子步骤一定还会出现。特定的情形下，事物的出现在数学上是必然的。历史就是不可逆的有限集合，因此，基于历史可以认知未来。

其实，从心智发展的规律来看，婴幼儿的心智发展过程也是一个算子的过程，尤其是在初始认知阶段，表现得更为典型。婴幼儿通过视觉、触觉、味觉等身体感官搜集信息，并存储信息，从而构成一个原始的信息集合。大脑通过对原始信息的一个运算过程，就形成认知并输出信息，形成对社会的认知。从起始的原始信息状态，到达输出结果的社会信息状态，大脑的每一个认知步骤就是一个算子。

从这个过程上来讲，什么决定社会价值观？一个是搜集的原始信息，另一个就是大脑是一个什么样的运算函数或算子。

人要改变，只是改变生活环境还是不够的，还得提升思想觉悟，解决输出机制。另外一个值得思考的问题是，大脑的输

出机制，是由大脑本身的物理结构决定，还是后天学得？还是两者兼而有之？大脑的算法是通过经验积累总结的结果，还是先天的？

动物出生之后，其捕食技能、防御天敌的本能、对环境的侦测能力等，都是通过动物爸爸妈妈后天以身示范教导的。长大后的动物思维是程式化的，同一种动物生活习性几乎没有差别，它们对外面世界的认知从小就已经固化了。由此看来，大

脑的算法深受后天经验主义的影响。

人的大脑即使有自我认知、自我运算能力，拥有所谓生而知之的思考能力，但是毋庸置疑的是后天的经验主义对大脑算法输出机制有决定性影响。比如数学的加减乘除法，只有我们的大脑建立了这个算法规则，我们看到“1+1”时大脑才能正确地输出“2”的运算结果。从这个角度理解，孩子出生后对外面的一切认知机制，包括大脑的算法和情感的感知，都基于父母的认知机制。因此，不能再把婴幼儿当作无知的孩子，他们的大脑就是一张广袤无垠的白纸，有很广很深的承载能力，父母在上面画的是什么，留下的是什么，他们起初就有什么样的思维，他们对外面世界的认知就此展开。

“逝者如斯夫”，黄河、长江包括其他所有的河流，从整体上呈自西向东流，具有不可逆性，但是，流动的过程非常曲折。尤其是黄河，从甘肃到内蒙古呈南北流向，从内蒙古到山西呈北南流向，这两个流经距离都非常长。从流经的路程上来说，你很难讲黄河是自西向东流的，尽管过程曲折但先后位次常年不变。事物发展的过程是非常复杂的，从整体上去判断事物的具体情况往往会出现较大的偏差。思想是指导行动的，但不能替代行动，实践一定要基于具体的情况。

“逝者”“不舍昼夜”，不可逆但有周期性，在空间上表现出“如斯夫”的位次，这是“逝者如斯”发展的客观规律。

第十三节

仁为君之本

子曰："德之不修，学之不讲，闻义不能徙，不善不能改，是吾忧也。"

我国从一穷二白发展到现在，从人文的角度来对照过去与当下的社会现状，修心养性、讲求道德的人成比例地增加了吗？

孔子所忧虑的社会问题，依然是个普遍的社会现象。与过去相比，教育已经相当普及，但"君子"未见得成比例地增加。两千多年前孔子提出的这个命题，仍然是社会学家最难解决的问题。

"德之不修，学之不讲，闻义不能徙，不善而不能改"其实是我们每个人身上的通病。不但是孔子所忧，也是每个人应该反躬自省的！

我们不妨从相反的角度思考，提出两个假设：一是孔子的教育体系及现代的育人体系存在根本性缺陷；二是人性无法通过学校的教育发生根本性改变。学校教育无法系统性、全面性地帮助学生建立"自善"机制，改善的只能是生存技能。

两千多年来教育事业和科技飞速发展，但是孔子所提出的社会问题依然没有实质性改观，从逻辑上来讲，这种假设的结论自然存在很高的合理性。

“吾欲仁，斯仁至矣”，布施君子之道，用君子之道来管理“仁”，从而让人性发挥出君子之道的光芒。对于个人来说，就是能按照社会规则实现自己正当的权益。不愠的人只有成比例增加，社会人文环境才能广泛改善，孔子担忧的问题才能根本扭转。

“吾欲仁，斯仁至矣”，由此可知，“仁”不在学而在心。道理和知识我们可以通过老师的教诲而获得，但老师却不能给我们初始的“仁”。西方社会认为“性格决定命运”，而东方文化信奉宿命论，认为命运是上天赐予每个人的，人出生后命运大体上已经定了，提倡知命而为。而事实上仁为君之本，仁性决定人的社会属性，规定一个人的社会价值。人的社会性基于仁性。“仁”是秉性，秉性禀气而生，生养而得，这就是孝悌，孝悌为仁之本。孝悌由先天基因和后天家庭养育共同决定，很多人对此并不理解，只是认为仁为道德。

仁是君之本，仁不足的人，即使修行君子之道也难有所成。这或许是即使有“有教无类”这么伟大的思想和远见，孔子担忧的社会问题依然无法从根本上解决的原因。

从事专业训练的人，往往先考察其是否具备从事该项专业的天赋。从这个角度理解，仁其实就是人能否成君子的天赋。

孔子说仁者爱人，爱不完整的人，仁就不会完整。“不仁者不可以久处约，不可以长处乐”，由此可见，不仁者不孝父母不悌兄弟也是自然之理。

什么样的父母，什么样的家庭，决定什么样的孝悌，决定什么样的“仁”，这是仁的起点也是仁的根本，进而影响甚至决定君子之道修行的高度。

改变把成人成才的教育责任交给学校的观念

仁是学习君子之道的根本，是人的初心。

不仁者即使拥有高学历，过上富足的生活，长期来看也难逃“不仁者不可以长处乐”的结局。

学校的教育是知识和技能的教育，是学历的教育。家庭教育对孩子的心智发展具有决定性影响。从出生到入学是仁之成体的关键期和成形期，属于家庭教育的范畴。孩子长大后会成为什么样的人，不是学校解决的问题，而是家庭要面对和思考的问题，这才是正确的态度！

性格决定命运，也是对“仁”的诠释。性格的养成，家庭因素是关键。性格一旦成形几乎伴随一生，绝大多数人终生难以改变。应当改变把孩子的成才成人的教育全部交给学校的观念，充分重视婴幼儿时期对孩子“仁”性的养育和塑造。

人的本能及其本能的欲望往往伴随一生而不会改变，无论你以后能成为一个什么样的人，到最后你会发现，真正决定你命运的就是原始的本能及其欲望。

在我女儿一岁左右的时候，有一次我抱她坐电梯。她要按电梯的按钮，手快按到的时候被我发现。我就顺势后退了一步，她快按到而结果没有按到，因此生气地用手抓住我的嘴唇并用力捏我。我当时很吃惊，被女儿的这个行为吓到了，从来没遇到过这么小的小孩也会施行暴力行为。怎么办呢？是马上把她的手推开，还是怎么样才好？我灵机一动，忍住疼痛，模仿她哭的样子说“爸爸好痛”。结果奇迹发生了，我女儿慢慢松手了，同时停止哭泣。我随之轻声细语地说了一句“不可以这样的，爸爸会痛的”，我女儿还点点头。从1楼到13楼还没出电梯，问题就解决了。从此之后，我女儿再没有这样对待其他人，这点令我很感慨。如果我当时马上把她的手推开，孩子的内心变化又是怎样的呢？从此之后我更关注女儿的身心健康。

不到一岁的孩子也有暴力倾向，但也有同情心，有怜悯之情，也能体会到父亲的感受并做出正确的行为。孩子的心理行为逻辑，与大人没有本质差别，只是表现行为不同。孩子对情感的认知一定是通过与父母及家人的相处中逐步形成的。对于婴幼儿心智发育发展的规律我们了解得还不够，但很显然的结论是，孩子的是非观实质上在幼儿时期已经开始发育、发展、成形，这种内在的本能一旦固化就很难再改变了。等到孩子长大了，再意识到这个问题的重要性，已经很难有所作为。

古人也非常重视孩子性情的培养。曾子的妻子要到集市去，她的孩子边跟着她边小声哭。她对孩子说：“你回去，等我回家后杀猪给你吃。”妻子去集市上回来了，看见曾子就要抓住猪把它杀了。妻子阻止他说：“刚才只不过是和小孩子开玩笑罢了。”曾子说：“孩子是不能和他随便开玩笑的。孩子是不懂事的，是要向父母学习的，听从父母的教导。如今你欺骗他，这就是教他学会欺骗。母亲欺骗孩子，孩子就不会再相信母亲，这不是教育孩子该用的方法。”曾子于是就把猪杀了。

古人清晰地告诉我们，父母的行为及生活习惯，对孩子心智的发育发展具有决定性影响。

第十四节

依君子之道而行

子曰：“谁能出不由户？何莫由斯道也？”

有儒学家认为孔子所宣扬的“德治”“礼制”，在当时有许多人不予重视，他内心感到很不理解，所以，他发出了这样的疑问。把“道”解释为“德治”“礼制”，把人立身之道归结为“德”“礼”，看起也合情合理。“何莫由斯道也”的“道”具体是什么？是什么样的体系结构？能不能把这个复杂、抽象的“道”尽可能地讲明白些，以便更好地指引我们修身立业？

洪氏曰：“人知出必由户，而不知行必由道。非道远人，人自远尔。”意思是说人知道出门肯定要走屋门，但是不知道走路一定要走大道，而是自创条路出来。不是道路离你很远，而是你自己远离了道。

人通常会无意识地自我否定，又无意识地自我肯定，总是处于自我否定又自我肯定的纠缠状态。因此，即使明明知道有一条阳关大道，但事实上总是没有走在阳关大道上。我们回顾人生，绝大多数人都会有类似的经历。

“谁能出不由户”与“人知出必由户”在人性的纠缠状态上是完全不一样的。绝大多数人由户出门是下意识的，就像不走大道习惯走小道一样，已经成为一种习惯。

只有让人明白出门必由户的道理，才能使人进一步理解，人进入社会只有依照君子之道行事才能不愠。换句话说，人要成为君子必须遵循君子之道的体系修行，严格按照君子之道的“教学大纲”执行。

那么这个“道”的体系结构是什么呢？其主体结构就是：孝悌→仁→君子。

孝悌，是一切性情的基础。孝悌为仁之本，孝悌的圆满程度决定仁的厚薄。仁为君之本，仁决定人“自善”的类型，人分为“不教而能自善”“有教而能自善”“有教而不能自善”三类。具体通过“学、修德、闻义、改不善”来延展仁、修行仁。君子的考核标准为：学、贤、立、不惑、知、安人、安百姓。

孝悌是人进入社会发展的第一扇门。孝悌由父母遗传基因和家庭环境共同决定。孝悌之情不圆满，仁之性情也不圆满，那么在“学、修德、闻义、改不善”的过程中自然会出现问题。比如，有的人学识和物质条件均达到一定水平，生活中有文化有社会地位，但是仁德不完整，达不到“不惑”的境界，往往在一些细枝末节的事情上处理得不合情理，导致阴沟里翻船的意外发生。

要提高君子修为，就要建立自善机制。具体从“学、修德、闻义、改不善”等方面着手。掌握时代发展要求的知识结构，亲仁，见贤思齐，闻义能徙，见善从之，见不善而改之，为“立”积累学识和人品。从君子的考核标准来看，有品德，又勤奋于学识的积累，这样的人一定会有出息。

“三十而立”“四十不惑”，是人生最精彩的乐章，是人生最重要的收获阶段。

“三十而立”就是指有学识积累，并能在社会上找到立足之地。“四十不惑”是能够完全驾驭自己的情绪，不会无意识地自我否定，也不会下意识地自我肯定，做事更富有理性，能及时进行自我调整。

知言、知人，是修行进入高级阶段的标志。具备知言、知人的智慧，就能按照客观规律办事，从“修己以静”到“修己以安人”甚至“修己以安天下”，真正做到造福一方。

从孩子出生到成为对社会有用的人，孝悌→仁→君子，就是个人走向成功的“大道”，这个道理就如出必由户一样。